元華文創

科技法學探索系列 06　范建得教授主編

涉及標準必要專利之結合管制

微軟/諾基亞之結合案例研究

The regulation of standard-essential patents related merger

以微軟／諾基亞結合申報案為導論，

探討競爭法執法機關透過結合管制為手段，

事前避免標準必要專利權利濫用的可能性。

李昱恆

王銘勇　著

范建得

致謝詞

　　時光飛逝，從碩士班走向博士班，於國立清華大學科技法律研究所已經待了六個年頭。

　　由衷感謝王銘勇老師、范建得老師於學術上、法律人路程上，從不吝於分享與大力協助。若沒有兩位恩師的教導，就沒有今日的昱恆。

　　再次感謝國立清華大學科技法律研究所碩士論文口試委員熊誦梅老師、馮博生老師，於昱恆碩士論文口試犀利的點出碩士論文研究中，可能面臨的現實上問題，進而使本書從單純之學術研究外，增添更多接地氣之實務觀點。

　　最後，感謝國立清華大學科技法律研究所的學長姐、學弟妹們，在昱恆需要幫忙時，隨時給予協助，為本書之完成，提供許多助力。

序　言

　　本書改寫自王銘勇副教授、范建得教授指導，李昱恆撰寫之國立清華大學科技法律研究所碩士論文「論涉及標準必要專利之事業的結合管制——以微軟、諾基亞併購案為例」合先敘明。

　　標準必要專利為競爭法、專利法競合下最難處理之問題，過往對標準必要專利著重於獨占層面之探討，本書認為此等手段為末端救濟，若要根本上解決標準必要專利之紛爭，必須自頭端事前結合規制做起。

　　是以，本書從標準必要專利之定義、特色談起，接續探索傳統公平交易法（下稱公平法）結合審查法規範、審查模式以及智慧財產權在結合審查的特殊性，並以此角度看標準必要專利於結合審查之獨特性。爾後再以微軟/諾基亞案為案例，分析該案中公平交易委員會（公平會）、法院對標準必要專利納入結合審查之必要性。

　　本書從微軟/諾基亞案探討公平會與法院不足之處，試圖回答結合規制手段對於標準必要專利之重要性、若要將具有標準必要專利事業納入結合審查所需符合之要件、標準必要專利權人是否須納入結合審查、公平會如何使用結合決定附款作為武器維護市場競爭，並將靈魂人物 FRAND 承諾貫穿於前述爭點中討論。

　　結合決定之作成固然重要，事後的有效監督更不容忽視。故本書再論公平會針對具有標準必要專利事業作成附附款之結合決定書，應如何進行監督，更針對違反附款時提出公平會認事用法之建議。

　　立於前述基礎之上，筆者提出對於我國是否需針對標準必要專利事業是否建置特別審查模式之看法，並帶出本書結論。

　　從碩士論文發表至本書出版之二年間，全球已進入第五代通訊系統（5G）、物聯網時代，更多裝置與設備必須具備符合「標準」之連網功能，進而實施標準必要專利。

　　雖各國競爭法執法機關對於標準必要專利之處置已較為退燒，惟標準必要專利仍為影響市場競爭、消費者福利的重要事項之一，且隨著科技業發展大好，時聞科技大廠併購傳聞，是以涉及標準必要專利的結合管制仍須重視。

李昱恆

目　次

圖表目錄

表格目錄

第一章　緒論

第一節　研究動機

進入 21 世紀，科技發展日新月異，為加速技術發展，製造業走向標準化、規格化趨勢。共同技術標準的存在，固然可避免無謂的研究開發，但亦可能產生標準制定組織（Standard Setting Organization，SSO）濫用標準制定權主導市場走向，扼殺不同技術發展。除此之外，當專利權人之專利被標準制定組織制定為標準必要專利（Standard Essential Patent，SEP），專利權人質變為標準必要專利權人之後，透過專利授權與否，標準必要專利權人可以掌握進入特定市場之門票，亦有標準必要專利權人濫用專利權之疑慮。前述爭議核心為：「標準必要專利的存在是否會影響市場機制運作」。換言之，為公平交易法（下稱公平法）規制之領域，故本書將從我國公平法出發，剖析面臨標準必要專利時，我國公平交易委員會（下稱公平會），應如何為適當之處置。

標準必要專利問題之濫觴為美商高通公司的專利授權案件，而晚近文獻多存在於判斷標準必要專利權人如何透過標準必要專利濫用其市場地位影響競爭；違反公平、合理、無歧視承諾（Fair, Reasonable, And Non-Discriminatory commitment，下稱 FRAND 承諾）拒絕授權、給予不恰當授權條件之探討。詳言之，此等救濟多為公平法第 9 條之獨占地位濫用之研究，必須於濫用獨占地位之情事發生後，才可為事後之裁罰。本書認為，對於標準必要專利所生的公平法違法疑慮，除事後救濟之外，也必須存在事前救濟制度。所謂事前救濟制度，係指標準必要專利制定後，標準必要專利權人雖享有獨占地位，於其濫用權利前，公平法即應介入。由於原始標準必要專利權人於申請加入標準時必須作出 FRAND 承諾而已負有授權相關義務，故公平法所重視者為標準必要專利權之移轉或讓與後，接受或出讓標準必要專利權者，須承擔何種義務方能達成加速技術流通發展、維護市場競爭之目的，是以具有標準必要專利事業的結合管制，有其重要性。

　　我國公平會 2013 年針對微軟公司（Microsoft Corporation）、諾基亞公司（Nokia Corporation）結合申報案中，依據當時公平法第 6、11、12 條（現行法第 10、11、13 條），對於微軟與諾基亞公司分別作出附帶附款之決定書，目的為避免結合後兩家公司濫用其市場獨占地位影響我國專利實施者。[1]該決定書以及其後行政院訴願會訴願決定、臺北高等行政法院、最高行政法院判決中對於標準必要專利與公平法結合審查的互動具有研究價值[2]，然而

---

[1] 公平交易委員會結合案件決定書公結字第 103001 號。

[2] 行政院決定書院臺訴字 1030148908 號；臺北高等行政法院判決 103 年度訴字第 1858 號；臺北高等行政法院判決 103 年度訴字第 1874 號；最高行政法院判決 105 年度判字第 403 號。

現存文獻中探討甚少，故本書將以涉及標準必要專利的結合為重心，並從我國微軟、諾基亞結合申報案中獲得啟示，提出我國未來對於標準必要專利結合事前審查程序、決定書作成附款的方式以及附款事後監督手段的建議。

第二節　研究目的

本書重點討論標準必要專利於結合審查的重要性，以及曾為 FRAND 承諾之企業於主動併購或被併購時，競爭法主管機關針對併購者或被併購者作成結合決定書時，應如何附加附款，以避免標準必要專利被濫用以及維持 FRAND 承諾。

本書第一研究目的：點出我國現行結合審查尚未注意到標準必要專利的特殊性有所不足。

本書第二研究目的：借鑑我國、外國競爭法機構結合審查時面對標準必要專利所採取的救濟措施，以釐清標準必要專利於結合審查的重要性。

本書第三研究目的：梳理我國傳統結合審查之態樣，再提出於涉及標準必要專利企業結合審查時，我國公平會程序上應如何為審查、實體上應如何作出正當附款之建議。

本書第四研究目的：檢視國內外競爭法機構過往何以監督結合決定書附款之履行，並探討未來面臨涉及標準必要專利之結合時，競爭法機構於結合決定書作成添加附款

後，應如何事後有效監督以達公平法維護市場競爭、促進
消費者福利之立法目的。

第三節　研究方法

本書主要透過文獻比較法、數位資料庫搜索法、個案
比較法作為研究方法，透過本國與外國學者著述、期刊、
學術論文進行比較，並利用法源法律網、華藝線上圖書
館、月旦法學等資料庫進行資料搜索，更針對我國公平會
結合決定書、行政院訴願決定、行政法院判決以及國外公
平會、法院之個案進行分析比較，最終提出相關建議。

第四節　研究架構

本書第一部分首先對技術、標準與專利為定義、檢視
前三者如何互動與相互影響，進而點出標準必要專利、
FRAND 承諾，探討標準必要專利所生的專利法、公平法議
題。立於前述基礎之上，帶出過往案例僅重視事後濫用獨
占地位為處分可能緩不濟急，故對於標準必要專利之讓與
或移轉的事前規範刻不容緩，明示本書重點為論涉及標準
必要專利事業的結合管制。

本書第二部分先從我國結合管制談起，先從我國公平
法結合的定性切入。在確認開始結合審查作業後，分析我

國傳統結合審查作成決定之程序應如何運作，最重要者為探討結合決定書之附款應如何制定，以作成符合公平法立法目的之結合決定。於檢視我國傳統結合審查運作模式後，本書明示當結合審查面臨技術與標準必要專利時的不同之處，並以標準必要專利為重心，羅列涉及標準必要專利的結合於市場中之運作狀況，導入本書所重視之涉及標準必要專利結合之審查程序，並提出本書對於未來我國公平會審理涉及標準必要專利的結合案件時，作成具附款決定書時之建議。

　　本書第三部分以過往公平會對於具附款之結合決定的監督方式為起點，點出我國傳統上適用結合決定附款的短處，並以此為借鑑，更從標準必要專利所具有的特殊性提出涉及標準必要專利的結合後須具備之監督機制。

　　本書第四部分則以過往微軟諾基亞結合申報案為主軸，分析該案公平會、行政院以及行政法院於涉及標準必要專利結合審查之方式，並說明過往實務上不足之處。

　　本書第五部分立於前四部分之脈絡，提出本書對公平會未來於具有標準必要專利事業結合時，結合審查之方式以及添加附款、事後監督之建議。

第二章　標準必要專利及其衍生之爭議

第一節　標準與標準必要專利

第一項　標準之意義

　　自工業革命之後，製造業走向大量生產，而為加速工業化量產、方便全球流通產品使用，市場出現規格化、標準化趨勢。作為本書之開端，本項概述標準存在之意義與目的。

　　所謂標準，依據歐洲電信標準協會（The European Telecommunication Standard Institute，下稱 ETSI）之定義係指：「*為完成特定目的之規則或指引*」。[3]學者主張，標準為「*提供技術特定規格，目的為使商品、服務、製程或方法有共通設計或相容性*」。[4]

　　關於標準存在之目的，IEEE Standards Association（IEEE SA）為以下解釋：

---

[3]　European Telecommunication Standard Institute, Why standards(2020), available at https://www.etsi.org/standards/why-standards (last visited, 02/16, 2020).

[4]　李素華（2008），〈專利權行使與公平交易法——以近用技術標準之關鍵專利為中心〉，《公平交易季刊》，16卷2期，頁87。

「*標準…是被設計來提高產品與服務的可靠性…高度提升產品功能與相容性…降低產品開發難度、加快產品上市…促進跨國貿易…使產品與服務可以在全世界不同地點被使用*」。[5]

學者則有言：「*標準降低市場進入門檻，增加消費者選擇性，降低生產成本，間接增進市場競爭，更提升產品附加價值，增進消費者福利。*」[6]、「*毋庸擔心產品因不相容無法運作，可降低消費者轉換標準的成本。*」[7]

標準可區分為兩大種類：其一為「事實上技術標準」，「*指產業上下游或消費者廣泛使用所生者*」[8]，我國過往荷蘭商皇家飛利浦電子公司（Koninklijke Philips Electronics, N.V.）與索尼公司、太陽誘電公司所制定之CD-R 橘皮書標準即屬此類；其二為「法律上技術標準」，「*指經標準必要專利組織或政府部門正式制定通過的標準*」[9]，晚近美商高通公司（Qualcomm Technologies, Inc）涉及經 ETSI 等標準制定組織（Standard-Setting Organization，

---

[5] IEEE Standatds Association, WHAT ARE STANDARDS, IEEE(2019), available at https://standards.ieee.org/develop/develop-standards/overview.html (last visited, Nov. 14, 2019).

[6] 陳皓芸（2017），〈標準必要專利權之行使、權利濫用與獨占地位濫用〉，《公平交易季刊》，25 卷 1 期，頁 84。

[7] 黃惠敏（2016），〈標準必要專利與競爭法之管制——以違反 FRAND/RAND 承諾為中心〉，《中原財經法學》，36 期，頁 173。

[8] 李素華，前揭註 4，頁 88。

[9] 李素華，前揭註 4，頁 88。

SSO）通過的第四代通訊協定（4G LTE）標準所生的競爭法爭議即屬此類。

　　本書認為，為因應全球化、自由貿易市場以及人員跨境流動頻繁之趨勢，使用共通標準一方面可方便產品跨國境銷售，可降低區域間市場落差、提升產品服務效能，達成促進市場競爭之效果；消費者於不同國家也可使用相同產品，並因跨國貿易可產生市場價格下降之利益，有助於消費者福利，故標準存在有其優點。惟標準存在亦有其缺點，如同歐盟執委會（EUROPEAN COMMISSION）認為：

> 「*標準制定前，相同功能的技術市場上存在技術間競爭，此等競爭於標準制定後消失。標準經制定且廣泛運用後，若市場上不存在具競爭力的他種標準，該標準的使用者除使用該標準之外別無其他選擇。總體而論，若標準制定後不存在具競爭性的他種標準，技術市場的競爭將被大大減損。*」[10]

　　標準制定且為消費者廣泛接受後，若標準必要專利權人不授權標準予他人實施，將成為市場障礙，更有害市場競爭，此時競爭法即有介入之必要性。晚近法學者聚焦於專利權人向國際標準制定組織申請將其專利納入標準後所生的爭議，欲明瞭此爭議，必從標準必要專利與 FRAND 承諾論起，故後文簡介標準必要專利之意義。

---

[10] EUROPEAN COMMISSION, Case No COMP/M.7047 - MICROSOFT/NOKIA,Commission decision of 04 December 2013, at Paragraph(188).

第二項　標準必要專利

理解何謂標準後，進一步說明何謂標準必要專利。依據歐洲電信標準協會（The European Telecommunication Standard Institute，下稱 ETSI）智慧財產權政策（ETSI Intellectual Property Rights Policy，下稱 ETSI IPR）之定義，所謂的必要（Essential），係指：

> 「*在最新技術水平的基礎上（非商業基礎），為製造、銷售符合標準的產品，不可能不侵犯智慧財產權之情形。當有此等情事發生時，此時之智慧財產權將被視為必要。*」[11]

實務上，臺北高等行政法院於判決中援引 ETSI 之定義，認為必要係指：

> 「*智慧財產權之必要，係指技術基礎上，考慮到一般技術實踐和標準化時一般可用的技術發展水準，不可能在符合標準且不侵犯該智慧財產權的情形下製造、銷售、租借或處置、修理、使用或者運行裝置或方法*」。[12]

學者指出標準必要專利係指：

---

[11] European Telecommunications Standards Institute, ETSI Intellectual Property Rights Policy(2020), available at https://www.etsi.org/images/files/IPR/etsi-ipr-policy.pdf (last visited, Feb. 15, 2020).

[12] 臺北高等行政法院判決 103 年度訴字第 1874 號，頁 34。

「*專利權所保護之某一標準之所必要之技術，製造廠商如要依該標準製造產品……一定要使用可能涵蓋在一個或數個標準必要專利之技術*」。[13]

另有以下學說：「*標準必要專利權利範圍涵蓋特定標準所採用技術之專利，商品或服務若欲遵守此標準時並無其他途徑可供選擇，無可避免必須實施該專利。因此當實施特定技術標準時，必須取得該標準之所有標準專利權人同意，否則即有可能構成專利侵害。*」[14]

　　本書認為，須依據以下準則判斷是否為標準必要專利。首先判斷：「為生產符合標準之特定功能產品，除系爭專利外是否具有替代技術？」若不具備替代技術，且該專利已被標準制定組織納入標準，即屬法律上標準必要專利；而若被標準制定組織納入標準但仍存在替代技術，則須再判斷：「若不實施系爭專利而使用替代技術，是否會不當增加生產成本使產品無法於市場競爭？」若實施者為迴避系爭專利須付出過高之成本，則仍屬之。是以，並非未被標準制定組織制定入標準之專利皆非屬標準必要專利，仍須注意技術上是否無法迴避或迴避須耗費過高成本，而構成事實上標準。

---

[13] 王銘勇（2014），〈標準必要專利與競爭法〉，公平交易委員會（著），《第21屆競爭政策與公平交易法學術研討會論文集》，頁36，臺北市：公平交易委員會。

[14] 王立達（2018），〈標準必要專利權行使之國際規範發展與比較分析——FRAND 承諾法律性質、禁制令、權利金與競爭法規制〉，《月旦法學》，275 期，頁 88。

　　標準必要專利有如此強大之市場力量，應如何規範以避免專利權人濫用權利？標準制定組織過往選擇使用「公平、合理、無歧視承諾」為手段，故後文將就「公平、合理、無歧視承諾」與「標準必要專利」之關聯為論述。

第二節　標準必要專利與 FRAND 承諾之限制

　　在專利權人有意願將其專利納入標準成為標準必要專利，而向標準制定組織提出申請時，標準制定組織於其智慧財產權政策，通常會要求專利權人必須提出願意「公平、合理、無歧視（或稱無差別待遇）」（Fair, Reasonable, Non-discriminatory, FRAND）授權該專利權的承諾。

　　針對 FRAND 承諾的意義，有言「*公平指鼓勵競爭、合理指合理權利金、無歧視指對每一授權者提出的條款必須立於同一基準*」。[15]

　　而 FRAND 承諾存在的目的，歐盟水平共同營運協議指引（Guidelines on the applicability of Article 101 of the Treaty on the Functioning of the European Union to horizontal co-operation agreements），287.則明文：

　　　　「*FRAND 承諾目的為確保標準必要專利的技術使用*

---

[15] David J. Kappos（著），理律法律事務所（譯）（2016），〈「真正」的創新經濟——揭穿智慧財產與競爭法交會之迷思〉，《智慧財產權月刊》，210 期，頁 83。

者可以在公平、合理、無歧視的條件下取得專利授
權，並避免標準必要專利權人以拒絕授權、歧視性
授權金之手段使標準成為進入市場的障礙。」[16]

　　本書認為 FRAND 承諾的意義為：標準必要專利權人授
權標準必要專利時，無論欲使用專利之人之背景，必須依
相同標準提供授權條件，並立於該標準上議定授權金，不
可有差別待遇。FRAND 承諾存在的好處為：對欲使用專利
之人而言，可避免專利權人惡意提升專利授權金，阻礙製
造商進入使用該標準的產品市場，降低使用標準產品取得
授權之難度，避免專利挾持；對標準必要專利權人而言，
可收取符合商業價值的授權金作為研發技術之回饋，避免
反向專利挾持；對於標準制定組織而言，穩定的專利授權
條款一方面可吸引專利權人加入標準，另一方面也有誘因
使更多製造商實施該標準，促進標準於市場上之利用。然
而，FRAND 承諾亦有其缺陷：學說、實務上目前仍無法精
確定義「公平、合理、無歧視」授權的判斷方式。換言
之，FRAND 承諾有其模糊性，原因為標準制定組織為避免
產生「聯合行為」之疑慮，無意願於智慧財產政策具體定
性 FRAND 承諾，亦不會介入具體專利授權談判。[17]再者，

---

[16]　EUROPEAN COMMISSION,Guidelines on the applicability of Article 101 of the Treaty on the Functioning of the European Union to horizontal co-operation agreements, Paragraph 287.(2011).

[17]　此說認為，標準必要專利可能構成公平法第 2 條第 2 項之「促進成員利益團體」，成為事業；並因 FRAND 承諾構成公平法第 14 條之「以契約、協議，共同決定商品或服務之技術」，而構成聯合行為。

標準制定組織技術掛帥，是否具備能力判斷 FRAND 法律上之意義，不無疑問。

FRAND 承諾存在本身亦具備民事效力，對於事後當事人訴訟救濟提供請求權基礎。惟 FRAND 承諾的法律性質上仍有爭議，學說上有要約之引誘說、要約說、第三人利益契約說以及誠信原則說等主張，簡述相關學說之意義如下：

要約之引誘說主張：FRAND 承諾本身不具拘束效力，僅表明標準必要專利權人有意願與他人為專利授權磋商，授權條款須由欲取得使用專利之人提出要約，FRAND 承諾並不會產生任何授權上義務。[18]

要約說主張：當標準必要專利權人作出 FRAND 承諾後，即屬具拘束力之要約，若欲使用專利之人作成承諾，授權契約即生效力。[19]

誠信原則說主張：因標準必要專利權人作成 FRAND 承諾已對公開公告於標準必要專利制定組織並吸引製造商使用該標準。因此標準必要專利權人若濫用其專利權，將使欲使用專利之人對 FRAND 承諾的合理信賴喪失，是以標準必要專利權人有義務基於誠實信用原則協商授權條款。[20]

第三人利益契約說：此說源自美國法，在微軟公司訴摩托羅拉公司案中，法院明文認定標準必要專利權人對標

---

[18] 楊宏暉（2015），〈論 FRAND 授權聲明之意義與性質〉，《月旦民商法雜誌》，50 期，頁 79。

[19] 楊宏暉，前揭註 18，頁 79。

[20] 王立達，前揭註 14，頁 92。

準制定組織作出 RAND 承諾後即成立可履行的契約，欲使用專利之人為該契約的利益第三人，得依據該契約請求授權標準必要專利。[21]

　　本書認為，為保障欲使用專利之人對於 FRAND 承諾的信賴、避免專利權濫用，應賦予欲使用專利之人實體法上請求權基礎，故認定標準必要專利權人向標準制定組織作成 FRAND 承諾後，即依據民法第 269 條成立第三人利益契約，並依據該條第 2 項，欲使用專利之人即可向標準必要專利權人請求符合 FRAND 承諾的授權條款。[22]若標準必要專利權人有意願移轉其標準必要專利，在 ETSI IPR 中也特別提到，若已經依據 ETSI IPR 提出 FRAND 承諾的標準必要專利移轉時，讓與者必須於移轉條款中明示 FRAND 承諾具有繼承效力；更需確保受讓人未來移轉該標準必要專利時，須明示其後之受讓者仍受到 FRAND 承諾的拘束。[23]依

---

[21] Microsoft Corp. v. Motorola, Inc., 871 F.Supp.2d 1089.

[22] 民法第 269 條：以契約訂定向第三人為給付者，要約人得請求債務人向第三人為給付，其第三人對於債務人，亦有直接請求給付之權。
第三人對於前項契約，未表示享受其利益之意思前，當事人得變更其契約或撤銷之。
第三人對於當事人之一方表示不欲享受其契約之利益者，視為自始未取得其權利。

[23] European Telecommunications Standards Institute, ETSI Intellectual Property Rights Policy(2020), available at https://www.etsi.org/images/files/IPR/etsi-ipr-policy.pdf(last visited, Feb. 15, 2020).
該規範於 6.1bis 條，內容如下：
FRAND licensing undertakings made pursuant to Clause 6 shall be interpreted as encumbrances that bind all successors-in-interest. Recognizing that this interpretation may not apply in all legal jurisdictions, any Declarant who has submitted a FRAND undertaking according to the POLICY who transfers ownership of ESSENTIAL IPR that is subject to such undertaking shall

據該約定，標準必要專利權人與標準制定組織仍成立第三
人利益契約，若標準必要專利權人移轉時並未符合前述要
求，一方面標準制定組織可以違約為由將其專利剔除於標
準之外；另一方面，欲使用專利之人對於標準必要專利受
讓者，仍得援引民法第 269 條第 2 項，主張新專利權人仍
有依據 FRAND 承諾授權的義務。

第三節　標準必要專利所衍生之競爭法紛爭

　　立於前節簡述標準、標準必要專利以及 FRAND 承諾之
基礎之上，本節更深入研析標準必要專利與競爭法交互適
用可能產生紛爭之處。依據專利法，專利為獨占性專屬
權，原則上專利權人可依據其意願授權其專利；然而，公
平法第 1 條該法目的為「確保消費者利益、自由與公平競
爭」。如前所述，公平法與專利法本質上有衝突之處，故
公平法第 45 條明文「*適用專利法行使權利之正當行為，不
適用公平法。*」[24]如同公平會處分美商高通公司案中，公平
會明文「*公平法 45 條將行使專利權的正當行為豁免於公平*

---

include appropriate provisions in the relevant transfer documents to ensure
that the undertaking is binding on the transferee and that the transferee will
similarly include appropriate provisions in the event of future transfers with
the goal of binding all successors-in-interest.

[24] 公平交易法第 45 條：
　　依照著作權法、商標法、專利法或其他智慧財產權法規行使權利之正
　　當行為，不適用本法之規定。

法適用，故專利授權爭議理應循民事救濟處理。」[25]，但話鋒一轉，公平會再提到「*若專利權人逾越正當權利行使範圍濫用其專利權，依據公平法 45 條之意旨，專利權利行使行為仍有適用公平法的餘地。*」[26]是以，專利權人依據專利法行使權利，並不屬於公平法之危害競爭行為。此時如何適用公平法 45 條判斷「正當行為」，即屬爭議所在。至於判斷正當行使權利之判斷方式，公平會訂有「公平交易委員會對於技術授權契約案件之處理原則」，而依據該原則第 6 點第 3 項「*技術授權協議無正當理由，就交易條件、授權實施費用等，對被授權人給予差別待遇之行為，如在相關市場具有限制競爭之虞者，授權協議當事人不得為之。*」再依同原則第 7 點第 1、5 項，[27]前述行為可能構成公平法第 9 條獨占力濫用之違反[28]或第 20 條第 2 款的不公

---

[25] 公平交易委員會處分書公處字第 106094 號，頁 53。

[26] 公平交易委員會處分書公處字第 106094 號，頁 53。

[27] 公平交易委員會對於技術授權契約案件之處理原則：

七、法律效果

技術授權協議之當事人為獨占事業而違反第六點第二項至第四項所例示之態樣者，可能構成公平交易法第九條之違反。

事業違反第六點第一項者，構成公平交易法第十五條之違反。

事業違反第六點第二項者，可能構成公平交易法第二十條第五款之違反。

事業違反第六點第三項者，可能構成公平交易法第二十條第一款或第五款之違反。

事業違反第六點第四項者，可能構成公平交易法第二十條第二款之違反。

[28] 公平交易法第 9 條：獨占之事業，不得有下列行為：

一、以不公平之方法，直接或間接阻礙他事業參與競爭。

二、對商品價格或服務報酬，為不當之決定、維持或變更。

三、無正當理由，使交易相對人給予特別優惠。

四、其他濫用市場地位之行為。

平競爭行為。[29]

惟涉及標準必要專利之爭議,過往實務與學說之探討,多著重於標準必要專利並非普通之專利,而是進入特定標準市場之門票,並就獨占力是否濫用為判斷。[30]如飛利浦公司 CD-R 光碟案智慧財產法院 100 年判決明文:

> 「*市場上已無替代技術可供其他事業使用參與競爭,或係製造符合標準商品技術上所不可或缺之互補性專利組合,此時可能具備獨占地位。*」[31]

而在美商高通案中,公平會更明文「*公平法中的樞紐(關鍵)設施理論,並不僅限用於有形資產,亦包涵智慧財產權。*」[32],是以標準必要專利授權可能屬於不可替代之措施,拒絕授權有可能損害競爭秩序,構成公平交易法獨占力濫用,不得主張公平法 45 條專利權不受公平法規範之抗辯。

如前文所述,依據公平交易委員會對於技術授權契約案件之處理原則之規範,原則上專利授權本不得差別待遇,且在現今社會不符合標準之產品將無法進入市場,更

---

[29] 公平交易法第 20 條第 2 款:(節錄如下)
有下列各款行為之一,而有限制競爭之虞者,事業不得為之:
二、無正當理由,對他事業給予差別待遇之行為。

[30] 楊智傑(2018),〈高通行動通訊標準必要專利授權與競爭法:大陸、南韓、歐盟、美國、臺灣裁罰案之比較〉,《公平交易季刊》,26 卷 2 期,頁 48。

[31] 智慧財產法院行政判決 100 年度行公訴字第 3 號,頁 26。

[32] 公平交易委員會處分書公處字第 106094 號,頁 55。

何況標準必要專利權人自願作成 FRAND 承諾使得製造商對可獲得授權具有合理期待，故對於違反 FRAND 承諾的授權條款應推定構成獨占力濫用。

第四節　藉規範性結合管制降低紛爭之必要性

　　針對標準必要專利，競爭法介入之手段可分為事前介入與事後介入，所謂事後介入即如本書前述，全球競爭法執法機構面對標準必要專利權人濫用其專利拒絕授權、給予歧視性授權條款、違反 FRAND 承諾之救濟，多於專利權人違反獨占相關規範時方介入。諸如美商高通公司濫用通訊相關標準必要專利案，高通公司從第 3 代通訊系統時代即開始濫用其專利，該案開始調查時市場已開始使用第 4 代通訊系統，相關競爭法執法機構作成處分或提起訴訟時[33]，市場已邁向第 5 代通訊系統。事後的競爭法規制已落後濫用行為 10 年，在此 10 年間高通公司之競爭對手（如聯發科技）已完全被排除於市場之外，並衍生美商蘋果公司與美商高通公司的專利訴訟，以及高端行動裝置售價高昂、高通數據機晶片專強無人可與其競爭之後果，縱使事後因違反獨占給予裁罰，市場損害早已造成，可否藉由該等規制行為事後回復市場競爭、消費者福利亦有疑問。因

---

[33] 劉孔中（2020），〈從沒有準備處理、不能處理到不願處理標準必要專利 FRAND 授權問題〉，《月旦法學》，296 期，頁 184-185；FTC v. Qualcomm Inc., 2019 U.S. Dist. LEXIS 86219.

此，若對於標準必要專利競爭損害全面採取事後矯正之方式，緩不濟急，無法完全保護市場。[34]

公平會於損害市場行為發生前之事前干涉措施為規範性結合管制，在市場變遷快速之年代，跨國性公司除自行研發技術之外，更樂於使用所掌控之資金購買技術，是以企業併購方興未艾。企業併購後，原本二獨立之專利權利人合而為一，可由單一企業依其單一授權政策統籌專利授權條款，減少專利授權市場之競爭與獨立性，若系爭專利屬於標準必要專利，因技術上不可迴避將使併購者享有強大市場力量，可操縱市場，故公平會對於具有標準必要專利事業之結合必須特別注意。

採取事前干涉措施，一方面可使公平會事前分析結合後市場是否有嚴重損害，將具有高度市場危害性之結合予以異議，確保專利授權市場繼續有效競爭，更避免結合後市場中競爭者已被排除於市場外，縱使事後分拆結合事業，競爭者仍無法再進入市場之情形。另一方面，對於現階段不造成市場嚴重損害之情形，公平會仍須隨時注意市場發展，若結合後事業出現以標準必要專利不當干涉市場之情形，可透過廢止結合決定、違反附款等手段針對結合後事業予以規制，導正市場競爭。然而，前述論述並非代表一旦結合事業具有標準必要專利，公平會即須為審查，以避免國家行政過度介入市場、有礙資本主義制度、侵害

---

[34] 楊麗娜（2015），〈從遊戲橘子併購案論事業結合之規範——以公平交易法為核心〉，《中央警察大學法學論集》，28 期，頁 107。

專利權人契約自由或營業自由之爭議。

　　本書提出不同觀點，從規範性結合管制角度分析標準必要專利之影響，試圖論證結合管制手段介入降低標準必要專利紛爭有其重要性，更使公平會為市場救濟能即時到位，同時避免侵害標準必要專利權人之營業自由。故後文從我國結合法規範切入，先行敘述公平會所具備之武器與使用方式。再因我國公平會過往於微軟/諾基亞結合申報案有特別提及標準必要專利，且此案更經過訴願、行政訴訟等程序，具備充足資料可為探索，故挑選此案作為司法實務研究對象，分析各機關採取之經濟分析標準、可再改正之瑕疵，避免本研究淪為空中樓閣。本書接續探討我國公平會，審理具有標準必要專利事業的結合時，首重標準必要專利與一般專利權之不同所在之處以決定是否禁止結合；若不予禁止結合，採取者為無條件不予禁止或附帶附款不予禁止；若不予禁止決定附帶附款，附款之性質為何？如何設定可以確保 FRAND 承諾繼續履行的附款；設定附款後公平會應如何監督？最後，討論公平會是否須針對具有標準必要專利事業的結合審查提出特別審查模式，以確保具有標準必要專利事業的結合對於整體市場之經濟利益大於限制競爭之不利益。

第三章　我國公平法結合管制規範與智慧財產權

第一節　我國結合管制之規範

　　我國結合審查之實體要件，源於公平法第 10 條與第 11 條。依該法第 10 條，結合方式可能為「與他事業合併」、「持有有表決權股份過半數或超過資本額三分之一」、「受讓、承租他事業全部或主要營業、財產」、「與他事業共同或受委託經營」、「控制他事業經營或人事任免」，判斷是否構成前述結合時，必須將母子關係企業所持有之資本額、股份一併列入計算。關於何種情形須為結合審查，同法第 11 條明示為「結合後事業於市場占有率達三分之一」、「參與結合事業之一於市場占有率達四分之一」、「參與結合事業前一年度會計銷售金額達主管機關規定數額」，此時計算銷售金額時亦須將母子關係企業之銷售金額一併計入。而依據該條第 1 項，企業結合時若符合前述要件且無同法第 12 條的例外情形時，必須向主管機關（公平交易委員會，下稱公平會）提出結合申報，若公平會未於收到申報日起算 30 日內為延長通知者，申報

人得逕行結合。是以，我國採取申報異議制。[35]再依公平法第 13 條，當結合對整體經濟利益大於限制競爭之不利益，公平會不得禁止結合；但若為確保整體經濟利益大於限制競爭的不利益，得於結合決定添加條件或負擔。因此，結合決定得為無條件通過或附負擔、條件通過。[36]

第一項 「事業全部或主要部分之營業或財產」結合要件之判斷

依據公平法第 10 第 1 項第 3 款言明「*受讓或承租他事業全部或主要部分之營業或財產*」為結合，但全部或主要部分之營業或財產應如何判斷？本書於後詳細說明之。

學者主張，公平法將營業與讓與為區分，所謂營業應該特指「*公司為特定營業目的，具組織性或有機、整體性之功能性財產*」。[37]

主要部分之營業或財產之判斷方式，實務有採取「所營事業不能成就說」者，如最高法院認為：「*按公司法第*

---

[35] 石世豪（2017），〈目的事業參與結合之多重管制問題及其制度革新芻議——以通訊傳播領域為例〉，《公平交易季刊》，25 卷 2 期，頁 56。

[36] 公平交易法第 13 條：
對於事業結合之申報，如其結合，對整體經濟利益大於限制競爭之不利益者，主管機關不得禁止其結合。
主管機關對於第十一條第八項申報案件所為之決定，得附加條件或負擔，以確保整體經濟利益大於限制競爭之不利益。

[37] 王志誠（2005），〈營業讓與之法制構造〉，《國立中正大學法學集刊》，19 期，頁 151。

一百八十五條第一項第二款所謂讓與主要部分之營業或財產，係指該部分營業或財產之轉讓，足以影響公司所營事業之不能成就而言。」[38]雖本條援引者為公司法第 185 條[39]，但仍可看出最高法院係以營運、財產移轉後公司無法再就原有業務取得收益繼續盈利判斷主要部分之營業或財產。

有採取過半標準說者，學者指出在過往經濟部函釋：「似以出售財產是否超過總財產半數判斷是否為主要財產」。[40]

有採取主要財產目錄說者，如最高法院 87 年度臺上字 1998 號民事判決認為只要處分列於主要財產目錄之資產，即需依據公司法 185 條辦理。由此可見，僅須被列入主要財產目錄，該等資產即屬於主要財產。[41]

有以營業收入為斷者，如經濟部認為：「企業併購法第 44 條第 2 項所稱的主要營業，係指最近 3 年度達各該年度全部營業收入之 50%以上者，亦即必須最近 3 年每年均達此標準。」[42]雖本函釋係解釋企業併購法，仍可得證經濟部對於主要營業之認定係以最近 3 年均超過全部收入 50%

---

[38]　最高法院 103 年臺上字第 797 號民事判決。

[39]　公司法第 185 條第 1 項：(節錄)
　　公司為下列行為，應有代表已發行股份總數三分之二以上股東出席之股東會，以出席股東表決權過半數之同意行之：
　　二、讓與全部或主要部分之營業或財產。

[40]　王志誠，前揭註 37，頁 160。

[41]　最高法院 87 年臺上字第 1998 號民事判決。

[42]　經濟部臺稅一發字第 0910453964 號。

之營業為標準。

更有採取質與量分析說者，認為營業或財產「*不以出售資產數量、價額為斷，必須是足以使公司營運大幅縮減或無法存續的非常態性交易*」[43]以及「*當一營業或財產讓與之作成，會使得公司營運無法繼續，或至少會使得公司營業大幅減縮時，則此時之營業讓與對於公司之命運即有重大性之影響。*」[44]故不單純以交易數額大小為斷，重視交易是否使公司現有營運受到重大減損，甚至使公司無法繼續營運為斷。另有學者主張：「*質的部分重大係指讓與導致營業難以維持或規模大幅縮減；量的部分重大係指讓與之營業或財產占公司總資產比重相當高。*」[45]

公平會亦採取質與量分析說，其函釋明文：公平法第 10 條第 1 項第 3 款之主要部分之營業或財產，可從質與量為判斷。量之部分係指「*移轉財產占讓與事業總財產之比例*」[46]，而質之部分係指：

> 「*衡量參與結合事業市場地位是否有改變，可參酌讓與之營業或財產占讓與事業之總財產價值、營業額比例；讓與部分得被視為獨立存在之經營單位；從生產、通路或其他市場情形，讓與部分具相當重要性；受讓公司取得讓與部分後，將使其事業經濟*

---

[43] 劉連煜（2001），〈讓與主要部分營業或財產之判斷基準〉，《臺灣本土法學雜誌》，29 期，頁 120。

[44] 劉連煜，前揭註 43，頁 121。

[45] 王志誠，前揭註 37，頁 159。

[46] 公平交易委員會(88)公法字第 03543 號。

力擴張，增加市場地位。」[47]

　　本書認為，所營事業不能成就說對於「所營事業不能成就」之解釋過於模糊，有違法安定性；過半標準說之過半判斷過於僵化，公司可於營業、財產價值接近過半前先行處分以規避結合審查；主要目錄說之缺點為公司法現已不要求公司主要財產目錄須經股東會決議通過，換言之，僅需董事會普通決議即可修正公司主要財產目錄。董事會可輕易透過修訂主要財產目錄規避結合審查形成法律漏洞，實不足採。至於營業收入判斷者，在現今公司多元化投資、產品開發之情形，單一營業達全部營業收入 50% 已相當困難，加上市場變遷迅速，要求連續 3 年皆達全部營業收入 50% 以上更困難，若採取此說，可能使結合審查束之高閣。

　　是以，判斷主要部分營業、財產，不能僅拘泥於形式上的門檻，亦須顧及商業交易上之現實，形式與實質皆不可偏廢。判斷主要部分營業與財產，一方面須重視形式上交易額之大小、占事業營運之比重；另一方面，縱使該資產或營業形式上占營運比率不大，仍須注意其對公司未來營收影響是否重大或該等資產形式上價值不高，但卻對公司營運有重大影響，故本書採取質與量分析說。

---

[47] 公平交易委員會(88)公法字第 03543 號。

第二項　上一會計年度銷售額要件之判斷

第一目　我國上一會計年度銷售額要件

依據公平法第 11 條第 5 項，公平會可針對不同行業結合申報設定不同銷售金額標準，故其制定「事業結合應向公平交易委員會提出申報之銷售金額標準及計算方法」，[48] 該方法先以營業額為區分，如參與結合事業前一年度全球銷售額皆超過新臺幣 400 億，且至少兩個企業前一年度在我國境內銷售額超過新臺幣 20 億元者，就需進行結合申報。若不符合前述條件，則需依據是否為金融機構再區分。若屬金融機構者，則需結合參與事業前一年度國內銷售額達新臺幣 300 億，且與其結合事業前一年度在我國銷售額達新臺幣 20 億者，才需申報；不屬金融機構者，結合參與事業前一年度必須於我國銷售額達新臺幣 150 億元且與其參與事業前一年度於我國銷售額達新臺幣 20 億元，才需申報。簡而言之，公平會結合申報的判斷層次如下，首先判斷被結合者是否在我國前一年度銷售額達新臺幣 20 億元，不屬之即不須為結合申請；其次判斷結合者是否在全球前一年度銷售額達新臺幣 400 億元，若屬之須為申報；若不屬之，則判斷是否為金融機構，若為金融機構須結合者前一年度國內銷售額達新臺幣 300 億，若非金融機構則需前一年度銷售額達新臺幣 150 億，方須為申報。

---

[48] 公平交易委員會，事業結合應向公平交易委員會提出申報之銷售金額標準及計算方法，載於：https://www.ftc.gov.tw/internet/main/doc/docDetail.aspx?uid=1402&docid=14901 (最後瀏覽日 2020.4.29)。

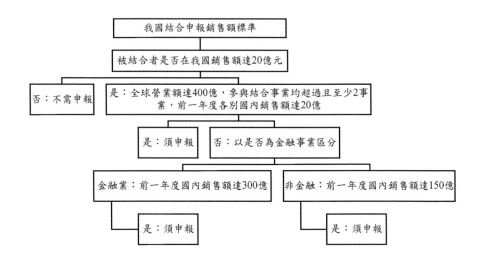

圖表 1　我國結合申報銷售額判斷標準

　　檢視完畢我國之判斷標準後，本書以美國、歐盟對於結合審查關於銷售額的部分作為我國之借鏡，故後文將概述美國、歐盟結合申報與銷售額相關的要件。

第二目　美國結合與銷售額相關的申報要件

　　美國依據克萊頓法（Clayton Act）第 7A 條，企業結合符合下列條件即需事前申報：[49]、[50]

　　1.結合後收購方將持有被收購方有價證券和資產總額達 2 億美元

[49]　15 U.S.C. Sec. § 18a (2002).

[50]　王志誠（2004），〈跨國性併購：政策與法律〉，《國立臺灣大學法學論叢》，33 卷 4 期，頁 215。

2.結合後收購方將持有被收購方有價證券和資產總額
介於 5 千萬美元至 2 億美元者，再需符合下列條件：

若為製造業，年銷售額或資產達 1 千萬美元或收購方
年銷售額或資產達 1 億美元者。

若非製造業，但年銷售額或資產達 1 千萬美元者，收
購方年銷售額或資產達 1 億美元者。

收購方年度銷售額或資產達 1 千萬，被收購方年銷售
額或資產達 1 億美元者。

而前述數額可隨不同物價波動調整，故在 2020 年 2 月
27 日，美國聯邦調查委員會修正該標準如下：[51]

1.結合後收購方將持有被收購方有價證券和資產總額
達 3.76 億美元

2.結合後收購方將持有被收購方有價證券和資產總額
介於 9.4 千萬美元至 3.76 億美元者，再需符合下列條件：

若為製造業，年銷售額或資產達 1.88 千萬美元或收購
方年銷售額或資產達 1.88 億美元者。

若非製造業，但年銷售額或資產達 1.88 千萬美元者，
收購方年銷售額或資產達 1.88 億美元者。

收購方年度銷售額或資產達 1.8 千萬美元，被收購方
年銷售額或資產達 1.88 億美元者。

---

[51] Federal Trade Commission, Revised Jurisdictional Thresholds for Section
7A of the Clayton Act(2020), available at
https://www.regulations.gov/document?D=FTC-2020-0009-0001 (last visited,
Mar. 2, 2020).

是以，調整後之現行美國結合申報標準如下圖：

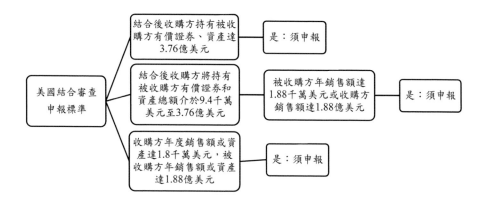

圖表 2　美國結合申報銷售額判斷標準

第三目　歐盟與銷售額相關的結合申報要件

接續談到歐盟的部分，歐盟重視者為跨國境的結合，是否須為結合申報。其分為兩階層認定：第一階層判斷是否具備「所有結合參與事業在全球營業額合計超過 50 億歐元」或「至少兩家結合參與事業在歐盟境內營業額超過 2.5 億歐元」，若具備前述要件之一，原則上須為結合申報。第二階層判斷「所有結合參與事業在全球營業額合計超過 25 億歐元」或「所有結合參與事業在歐盟至少 3 個會員國內營業額超過 1 億歐元」或「前述三個會員國內，個別會員國中皆有至少兩家以上結合參與事業營業額超過 2500 萬歐元」或「至少兩家結合參與事業在歐盟境內營業額達 1 億歐元」，有前述情事者亦須為結合申報。然而，個別參與結合事業的營業額若有三分之二以上發生於同一會員

國，不需為歐盟結合審查。[52]第二階層之存在目的為降低原有審查門檻。故現行歐盟結合審查認定如下：

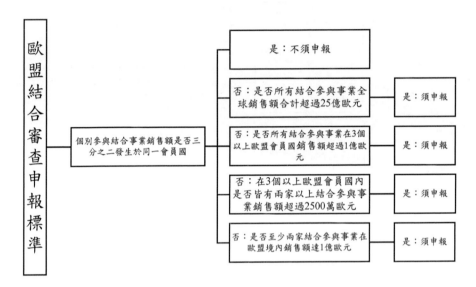

		是：不須申報
	否：是否所有結合參與事業全球銷售額合計超過25億歐元	是：須申報
個別參與結合事業銷售額是否三分之二發生於同一會員國	否：是否所有結合參與事業在3個以上歐盟會員國銷售額超過1億歐元	是：須申報
	否：在3個以上歐盟會員國內是否皆有兩家以上結合參與事業銷售額超過2500萬歐元	是：須申報
	否：是否至少兩家結合參與事業在歐盟境內銷售額達1億歐元	是：須申報

（左側直排標題：歐盟結合審查申報標準）

圖表 3　歐盟結合審查申報標準

第四目　中國大陸與銷售額相關的結合申報要件

中國大陸依據中華人民共和國反壟斷法（下稱中國大陸反壟斷法）第 21 條，「規定達到中國國務院規定申報標準者，必須為經營者集中申報（即結合申報）」。故依據該條，中國大陸國務院公告「國務院關於經營者集中申報標準的規定」，該規定第 3 條明文下列情形必須為結合申報：

1.所有參與結合事業上一會計年度在全球營業額超過 100 億人民幣，並且至少兩個以上結合參與事業在中國大

---

[52]　Council Regulation (EC) No 139/2004 (2004) *Official Journal* L24, p. 6.

陸境內營業額超過 4 億人民幣。

2.所有參與結合事業上一會計年度在中國大陸境內營業額超過 20 億人民幣，並且至少兩個以上參與結合事業在中國大陸境內營業額超過 4 億人民幣。

3.「銀行、保險、證券、期貨」等特殊行業之營業額計算方式另為規定，是以中國大陸商務部會同中國人民銀行、中國銀監會、中國證監會和中國保監會制定「金融業經營者集中申報營業額計算辦法」。

是以，中國大陸結合申報標準如下：

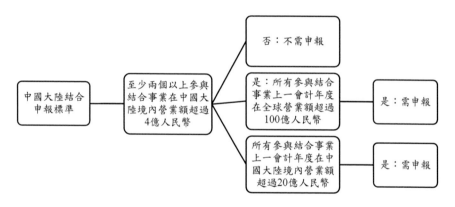

圖表 4　中國大陸結合申報標準

第五目　比較我國、美國、歐盟與銷售額相關的申報要件

如前所述，我國、歐盟及中國大陸，對於應提出結合申報之結合皆以銷售額（營業額）為標準，美國則以結合後結合者持有之股份或資產是否超過一定數額為斷。

國際銷售額部分，以歐盟 25 億歐元（接近 800 億新臺幣）為最嚴格，我國 400 億新臺幣以及中國大陸 100 億人

民幣居中，而美國不區分國內或國際，皆以 3.76 億美元
（約 100 億新臺幣）為標準最寬鬆。

在國內銷售額部分，我國區分非金融業 150 億新臺
幣、金融業 300 億新臺幣為為最嚴格。美國則針對「超過
3.76 億美金；結合後收購者持有 9.4 千萬至 3.76 億美金證
券或資產且被收購方年銷售額達 1.88 千萬美元或收購方銷
售額達 1.88 億美元；收購方年度銷售額或資產達 1.8 千萬
美元且被收購方年銷售額或資產達 1.88 億美元」之情形為
申報標準，並且特別提到製造業。歐盟則依據不同會員國
內不同市場情形為不同規定，如「在 3 個會員國內銷售額
達 1 億歐元；在 3 個以上歐盟會員國內是否皆有兩家以上
結合參與事業銷售額超過 2500 萬歐元；少兩家結合參與事
業在歐盟境內銷售額達 1 億歐元」之情形為申報標準。中
國大陸直接以 20 億人民幣為斷。

至於例外不須申報之情形，我國、美國以及中國大陸
直接規範低於特定數額不需為結合申報，如我國為未達 20
億新臺幣；美國則為結合後持有資產或證券未達 9.4 千萬
美元；中國大陸則為 4 億人民幣。歐盟則不制定具體數
額，而以參與結合事業若有超過三分之二銷售額位於同一
會員國內為除外條款。

再論及各國結合申報銷售額判斷標準的特色，我國以
及中國大陸特別提及金融業，我國針對金融業的結合申報
銷售額標準直接訂為一般事業的兩倍（從國內銷售額 150
億新臺幣轉為 300 億新臺幣）；中國大陸則特別針對金融
業銷售額（營業額）制定「金融業經營者集中申報營業額

計算辦法」。美國不同的特色在於，其不以銷售額為判斷標準，所重視者為結合後結合者所持有的資產以及股份之價值。

　　綜上所述，我國結合審查以銷售額為判斷標準且設有例外不須申報情形的面相與歐盟較為類似，但在針對不同行業的結合為不同銷售數額限制面向上，又與美國相近。銷售額判斷標準數字上，與中國大陸最為相似。再者，我國除以超過主管機關公告之「特定銷售額」作為結合申報判斷標準外，在公平法第 10 條第 1 項第 2 款以「持有或取得有表決權股份或資本額三分之一」即屬公平法之結合的面向上，與美國「移轉資產、證券超過特定數額即需申報結合」相似，但並未針對持有「資產」達特定數額列入公平法結合之規範對象，在智慧財產權資產價值越來越高的時代，智慧財產權之移轉或讓與也可能對於市場有重大影響，故本書建議立法論上，可如同美國法以持有資產價值為標準，修法納入轉讓資產達特定數額亦屬於公平法之結合。

　　最後，將前文與銷售額相關之我國、美國、歐盟結合申報條件整理為附錄：「表格 3　我國、美國、歐盟及中國大陸結合申報條件比較」，讀者可搭配參考。

第二節　我國結合管制類型與審理程序

　　依據「公平交易委員會對於結合申報案件之處理原

則」（下稱處理原則）第 2 條，我國以參與結合事業於市場中的競爭關係將結合分為「水平結合」、「垂直結合」、「多角化結合」三種類型，並針對不同類型結合審查為不同規範；同時，在公平法第 13 條第 2 項明示，結合決定添加附款之目的必須為：「確保整體經濟利益大於限制競爭之不利益」。

所謂整體經濟利益，依據公平法第 13 條之立法理由：「*結合亦可能促進生產規模之經濟，降低生產成本，增強結合後事業之整體競爭能力或促成產銷之合理化，故對事業之結合行為應審酌其利弊得失*」。

學者主張：「*整體經濟利益是指交易的經濟利益，亦即生產者與消費者自願交易下，對整體社會所產生的福利……整體經濟利益、社會福利、經濟效率都是同一件事。*」[53]

另有學者認為公平法之整體經濟利益，不僅限於與競爭有關聯者，僅需可增進整體經濟利益者即屬之。[54]

整體經濟利益學理上之判斷標準可分為：1.價格基準：指結合後使產品或服務價格上漲乃因不完全競爭，產量受限所生，故結合後具價格上漲可能性時，應禁止結合。[55] 2.消費者剩餘或消費者福利標準：除關心產品或服

---

[53] 馬泰成（2017），〈公平交易通訊〉，《公平交易通訊》，77 期，頁 1；馬泰成（2018），〈結合管制：效率與公平間之取捨〉，《臺大管理論叢》，28 卷 3 期，頁 3。

[54] 黃銘傑（2017），〈公平交易法結合管制之問題點與盲點——以結合類型與實體規範要件為中心〉，《公平交易季刊》，25 卷 2 期，頁 39。

[55] 黃銘傑，前揭註 54，頁 43。

務價格外，亦須加入結合後是否會產生產品或服務品質上升、市場中消費者選擇增加或促進創新等因素判斷是否禁止結合。[56] 3.總剩餘或總福利標準：此判斷標準僅重視結合後增加之效率獲益大於絕對損失，縱使消費者福利或剩餘減少，仍可不予禁止結合。[57]

　　處理原則第 13 條明示：具有顯著限制競爭疑慮的結合，公平會審酌整體經濟利益可考量因素包含「經濟效率」（所謂經濟效率必須可在短期內產生且除結合外別無他手段可達成相同效果，更需將經濟利益反映至消費者。）、「消費者利益」、「參與結合事業為垂危事業或處於交易弱勢」、「有關整體經濟利益之具體成效」。[58]

　　從前述考量因素可見，我國公平會對於整體經濟利益之觀察重點為消費者福利，故採取消費者剩餘或消費者福利標準。綜上所述，本節將簡介各種結合審查之類型與程序，以及說明在不同類型的結合審查，公平會為整體經濟利益、限制競爭應判斷時應注意之事項為何。

第一項　水平結合時整體經濟利益與限制競爭之判斷

　　依據處理原則第 2 條第 4 款，水平結合指「參與結合

---

[56] 黃銘傑，前揭註 54，頁 43。

[57] 黃銘傑，前揭註 54，頁 43。

[58] 張甘穎（2014），〈結合審查基準之研究——以統一與維力結合案為例〉，《公平交易季刊》，22 卷 4 期，頁 51。

之事業具有水平競爭關係」者為結合，故判斷重點為結合與被結合者在現有市場中，是否位於同一產銷階段為水平競爭，如我國日月光公司、矽品公司結合成立日月光投資控股公司即屬之。

水平結合管制之主要目的為「避免結合後事業市場力量增強進而損害競爭」，使結合後的事業具備單方提高市場價格之能力，產生限制競爭的不利益，但亦不可因有前述疑慮，即忽視結合後可能產生降低生產成本、提高市場效率的優點。[59]明確水平結合管制目的後，本書接續探討涉及水平結合之限制競爭與整體經濟利益判斷。

第一目　水平結合時限制競爭之判斷

有學者比較美國、歐盟結合審查制度後，認水平結合有下列三種標準：「實質降低競爭標準」指結合是否禁止取決於「減少市場競爭與否」；「優勢地位標準」指觀察市場結合前後集中程度之差異，以結合後是否使結合事業具備市場優勢地位決定禁止結合與否；「公共利益標準」指不僅就市場競爭為單一判斷，亦須就政策、產業、所得等面向為判斷，並認為我國公平法「整體經濟利益大於限制競爭之不利益」之「整體經濟利益」即屬公共利益標準。[60]

另有學者主張，判斷水平結合是否產生限制競爭之不

---

[59] 胡祖舜（2019），《競爭法之經濟分析》，頁 294，初版，臺北市：元照。

[60] 胡祖舜，前揭註 59，頁 352。

利益，可以「共同效果」、「單方效果」、「參進程度」、「抗衡力量及市場減損」為判斷。[61]單方效果要件所重視者為結合後是否會使商品價格、服務報酬提升，處理原則第 9 條 1 款之判斷重點為「結合前後市場集中度變化」、「參與結合事業以及非參與結合事業市場占有率」、「買方對價格變動之反應」、「商品或服務替代緊密程度」、「結合前利潤」。共同效果要件著重於結合後是否會濫用市場地位或與他事業聯合，使市場喪失競爭進而侵害消費者福利。我國處理原則第 9 條第 2 款明文此要件，並以「市場中事業數量」、「市場集中度」、「市場進入障礙」、「產品同質性」、「事業規模與成本對稱性」、「市場透明度」、「交易模式」、「產能利用率」為判斷重點。參進程度要件明文於處理原則第 9 條 3 款，並以「*市場進入難易程度判斷參進可能性、進入時間所需長久判斷參進即時性、參進市場後可否有效遏阻結合者濫用市場力量判斷參進充分性*」三個子原則認定潛在競爭者有無可能進入市場與既有業者競爭。[62]抗衡力量要件明文於處理原則第 9 條第 4 款，判斷重點為市場中交易相對人或消費者是否具備箝制參與結合事業提升產品或服務價格之能力。

---

[61] 廖義男（2003），《公平交易法之註釋研究系列／廖義男計畫主持；何之邁等共同主持》，頁 448，臺北市：行政院公平交易委員會。

[62] 廖義男，前揭註 61，頁 450-451。

第二目 水平結合時整體經濟利益之判斷

依據處理原則第 10 條提及有下列情形者，公平會推定結合具「顯著限制競爭疑慮」，並必須於結合審查時進一步權衡整體經濟利益：

1.參與結合事業市場占有率總和達到二分之一。

2.相關市場前二大事業之市場占有率達到三分之二。

3.相關市場前三大事業之市場占有率達到四分之三。

4.有前述 2.或 3.之情形，參與結合事業市場占有率總合達到百分之二十。

水平結合整體經濟利益的考量因素，學者認為可分析結合後：

「*生產、營運成本是否降低；財務操作是否更加便利；可否整合研發使技術發展更快速；產品價格降低程度；產品品質是否提升；市場競爭是否更劇烈、是否強化國內產業競爭力、促進國內產業發展；促進就業；是否配合政府推動政策；是否推展我國企業國際化；是否幫助企業轉型。*」[63]

第二項 垂直結合審理程序

探討完畢水平結合後，本書續論垂直結合。依據處理原則第 2 條第 5 款，垂直結合指「參與結合事業具備上下

---

[63] 廖義男，前揭註 61，頁 459。

游關係」，也就是原則上產品與服務並不在同一市場中，但一方之產品為另一方之原料，兩者缺一不可，如 Google 收購 Motorola Mobility 即屬之。下文將接續探討涉及垂直結合時，限制競爭與整體經濟利益應如何判斷。

第一目　垂直結合時限制競爭之判斷

垂直結合限制競爭分析著重於是否產生「市場封鎖效果」，係指結合後上下游轉變為單一事業，市場上競爭者無法再自其上游取得原料，或不具備下游銷售產品或服務，使競爭者被排除於市場外、市場價格提升損害消費者福利限制競爭之效果。[64]

處理原則第 11 條明文，垂直結合公平會審查結合是否具備限制競爭效果，必須注意：

1.結合後競爭者選擇交易相對人的可能性。

2.結合後市場進入的難易程度。

3.結合後參與結合事業濫用市場力量的可能性。

4.結合後增加競爭者的成本的可能性。

5.結合後是否會導致聯合行為。

6.結合後有無其他造成市場封鎖的可能性。

第二目　垂直結合時整體經濟利益之判斷

垂直結合整體經濟利益可從下列面向判斷：一、為規模經濟效益面向，指結合後使管理成本降低、因原料購買

---

[64] 邱敬淵，李素華（2019），〈市場封鎖經濟效果之研究——以競爭法規範下之垂直封鎖為中心〉，《公平交易季刊》，27 卷 4 期，頁 159；廖義男，前揭註 61，頁 454。

數量上升所下降之生產成本所生的管理上、財務上利益。
二、為垂直經濟效益面向，指同一事業內上下游一條龍式
生產所減少之生產、配送成本反映於產品價格之程度。
三、技術效率面向，指結合後因技術移轉或聯合研發，技
術水平提升是否更為快速。[65]

第三項　多角化結合審理程序

依據處理原則第 2 條第 6 款，多角化結合指「參與結
合事業不具備水平競爭或上下游關係者」，也就是參與結
合事業本屬完全不同產業、位於不同市場中，但卻決定結
合者。換言之，乃指跨領域結合，如鴻海股份有限公司收
購亞太電信即屬之。

面對多角化結合判斷是否具備「重要潛在競爭可能
性」時，處理原則第 13 條指示公平會應審酌：

1.法令變更可能性以及變更對參與結合事業的影響。

2.參與結合事業結合後的發展計畫。

3.結合後參與結合事業濫用市場力量的可能性。

4.其他影響重要潛在競爭的可能性。

立於前述基礎上，後文將敘述涉及多角化結合時，公
平會針對限制競爭與整體經濟利益，應如何為判斷。

---

[65] 廖義男，前揭註 61，頁 460。

第一目 多角化結合時限制競爭之判斷

判斷多角化結合的限制競爭效果，重點在於「聚合力效果」，指結合後結合事業以低於成本之掠奪性定價，逼迫競爭者退出市場，並取得優勢市場地位，造成社會福利損失。[66]是以，審查重點在於法令解除管制對跨業經營的影響、技術進步產生跨業經營的可能性、結合企業之跨業發展計畫。考量因素包含：「*結合前後市場占有率之變化、市場集中度變化、參與結合事業之產品有無競爭或替代關係、結合前後競爭者數量之變化、結合後市場參進難易度、對產品價格之影響等*」。[67]

第二目 多角化結合時整體經濟利益之判斷

學者認為，公平會針對多角化結合的整體經濟利益，可針對範疇經濟效益（乃指結合後因集中生產而降低生產成本之利益）、技術提升（因跨業開發、技術移轉所生之研發利益）、是否針對消費者提供更多樣且便利之產品或服務、是否促進我國產業競爭力等因素為判斷。[68]

---

[66] 廖義男，前揭註 61，頁 456。

[67] 廖義男，前揭註 61，頁 458。

[68] 廖義男，前揭註 61，頁 461。

第四項　小結

　　三種結合審查類型中，由於水平結合直接使市場中事業數量減少，提升市場集中程度，[69]故公平會對於其規範最詳盡，更具有推定「具顯著限制競爭之情形」，理由為水平結合後對於單一市場必然產生巨大影響，高度集中後產生濫用市場地位排除競爭的可能性更高。而在涉及智慧財產權的結合中，最常見者亦為同業收購，故水平結合審查於具有標準必要專利事業的結合審查不容忽視。除此之外，標準必要專利權人販賣其專利權給下游製造商，或下游製造商收購上游專利授權商之情形亦存在，垂直結合對於具有標準必要專利事業的結合亦具重要性，且在微軟/諾基亞結合案中，也涉及到該案是否屬於水平或垂直結合的爭點。本書下節將探討公平會於結合決定應如何添加附款，更於下章探索具有標準必要專利事業為水平、垂直或多角化結合時，公平會應如何審查、審查時應注意之事項以及在具有標準必要專利事業申報結合時應如何添加附款以確保市場競爭以及提升消費者福利。

---

[69] 廖義男，前揭註 61，頁 447。

第三節 我國結合管制中之決定結果與附款

第一項 公平會結合決定之結果

經由前述程序確認需進行結合申報，並依據不同結合類型進行審查後，公平會依法必須作成決定，故下文探討公平會審理後決定所可能產生之結果。

依據公平法第 10 條之規定，公平會原則上須於收到申報後 30 日內作成決定，並依同法第 13 條公平會於認定結合後對整體之經濟利益大於限制競爭之不利益後，判斷同意結合與否。

公平會若不同意結合，可作成書面決定禁止結合；[70]公平會若不予禁止結合，結合決定採取下列方式：[71]

　1.無條件同意結合：可採取下列二種方式為之。

　不異議：公平會不採取任何行動，靜待 30 天經過事業可逕為結合。

　發縮短通知：公平會於收到申報 30 日內提早以決定書通知事業同意結合。

　2.添加負擔、條件同意結合：此指依據公平法第 13 條第 2 項，公平會雖認為結合後整體經濟利益大於限制競爭之不利益，但須採取配套手段以達成此目的。

---

[70] 公平交易委員會編著（2019），《認識公平交易法》，頁 72，18 版，臺北市：公平交易委員會。

[71] 公平交易委員會編著，前揭註 70，頁 71-72。

如前所述，公平會得於同意結合時可無條件通過，或於作成決定時添加條件、負擔，以免未來市場受有損害，此乃事前管制之精髓。因標準必要專利已成為進入特定「標準」相關市場之要素，其授權與一般專利權享有全面契約自由、私法自治的授權有所不同，故結合後對於市場之影響劇烈。同意結合時添加條件、負擔可使公平會同意結合後，除重新針對結合後事業是否構成不公平競爭、濫用獨占力量外，公平會以結合決定為據，針對結合後事業為事後監督（如撤銷、廢止原決定等），程序簡便、快速更使相關事業得事前預見維護法安定性。此外，公平會於作成決定書時若能細緻定義附款型態，亦能減少訴訟上附款定性之紛爭，故具有標準必要專利事業的結合，作成添加附款的同意決定書有其重要性。

初探結合類型與各類型之審查方式後，本書接續研析結合決定作成附款之方式。關於公平法第 13 條第 2 項，值得研析者有三，其一為「公平會結合決定書添加附款的方式？」，其二為「設定結合審查條件或附款後，公平會應如何事後監督？」，其三為「針對結合審查附款事業應如何救濟？」，故後文將以此三點為主軸展開。

第二項　公平會結合審查添加附款的方式

依據公平法第 13 條第 2 項之規定，公平會於結合決定書可添加「負擔」、「條件」二種類型之附款。學者認為，公平會於決定書添加附款之目的為確保「整體經濟利

益大於限制競爭之不利益，此時所得添加之負擔或條件，不僅限於排除限制競爭效果，更須重視如何增進整體經濟利益。[72]

　　根據國際競爭網路（international competition network，下稱 ICN）之分類，結合決定附款類型大致如下圖：

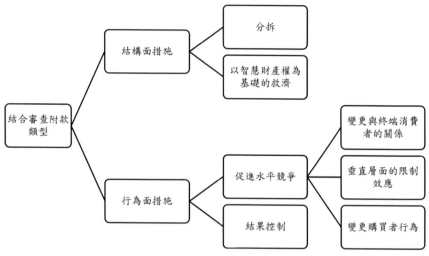

圖表 5　ICN 結合審查附款類型[73]

　　「公平交易委員會對於結合申報案件之處理原則」（下稱處理原則）第 14 條，公平會原則上使用「結構面措施」或「行為面措施」兩種類型的結合決定附款，但並不以此兩種為限，下文將分別就二種措施為概述。

---

[72]　黃銘傑，前揭註 54，頁 49。

[73]　改編自 ICN Merger Working Group: Analytical Framework Subgroup, MERGER REMEDIES REVIEW PROJECT(2005), available at https://www.international competitionnetwork.org/wp-content/uploads/2018/05/MWG_RemediesReview Report.pdf (last visited, Mar. 16, 2020).

第一目　結構面措施

依據處理原則第 14 條，結構面措施係指「要求參與結合事業處分其股份或財產、轉讓部分營業或免除擔任職務」。臺北高等行政法院於微軟公司、諾基亞公司結合申報案判決中認為結構面措施為主管機關調整市場結構之手段，最常以命令公司合併或分拆、出售特定資產呈現，該判決特別提到智慧財產權亦屬於結構面措施分拆標的之一[74]，學者亦同此見解。[75]

第二目　行為面措施

行為面措施，係指要求結合者結合後必須為特定行為或不為特定行為。處理原則第 14 條定義行為面措施為「要求參與結合事業提供關鍵設施、給予特定給付予非參與結合事業、持續授權智慧財產權、不得為獨家交易、不得為差別待遇、不得搭售」。臺北高等行政法院於微軟/諾基亞結合申報案之判決則認其為禁止事業結合後所得從事之競爭行為，或要求結合事業積極採行其降低或排除競爭疑慮特定行為，並認其性質為結合事業所提出之「承諾，Commitments」。[76]至於該等承諾可包含將擁有之技術、關鍵資產給予競爭者使用。該判決更特別提到，當結合涉及專利權問題無法單純以結構面措施處理時，可搭配行為面

---

[74]　臺北高等行政法院判決 103 年度訴字第 1874 號，頁 19。

[75]　陳志民、陳和全（2013），〈「結合矯正措施」制度之一項功能性導向的理解架構〉，《公平交易季刊》，21 卷 1 期，頁 6。

[76]　臺北高等行政法院判決 103 年度訴字第 1874 號，頁 19。

措施為處分。[77]

　　從行為面措施之目的論，可將其分類為「與智慧財產權相關」、「促進水平競爭」、「控制結果」三大種類。[78]

第三目　小結

　　結構面措施為分拆結合參與事業或要求結合參與事業於結合後必須放棄部分產品、服務或退出部分業務之經營，簡言之，即為改變整體市場結構；行為面措施即要求參與結合事業必須為一定作為或不作為的行為。學者有言，結合決定書添加附款時，應以結構面措施為主，行為面措施為輔，並要避免侵害事業之營業自由。[79]本書認為原理上確實結構面措施可一次性永久改變市場架構以保護競爭，應為優先使用措施，但是在涉及智慧財產權的結合時是否如此，仍有斟酌空間，故後文檢視我國過往結合決定書附款事後監督之情形後，將深論智慧財產權於結合審查之特殊性。

第三項　公平會對結合決定書附款的事後監督

　　如前文所述，公平會得於結合決定書添加條件或負擔以確保結合對於整體經濟之利益大於限制競爭之不利益。本書此項所要探討者為：過往公平會於作成附條件或附款

---

[77]　臺北高等行政法院判決 103 年度訴字第 1874 號，頁 19。

[78]　陳志民、陳和全，前揭註 75，頁 6。

[79]　黃銘傑，前揭註 54，頁 51。

之結合決定書後,如何監督該等條件或負擔之履行。

具備條件或負擔之結合決定書,大致上可分為三大類:

1.附停止條件的結合決定:此時停止條件為結合決定之生效要件。

2.附解除條件的結合決定,此時解除條件為結合決定之失效要件。

3.附負擔之結合決定,此時結合決定與負擔分別為獨立之行政處分,結合決定不因負擔失效而生效力影響,但得以使公平會採取進一步措施者。[80]

此三種類型於附款事後監督上,各具備不同之意義。

依據公平交易法第 39 條第 1 項,若事業取得附附款之結合決定書後未履行該附款,公平會除得處以罰鍰外,更得「禁止結合;限期分拆;要求處分股份;移轉營業;免除擔任特定職務;為其他特定處分」。[81]細分公平會對於違反附條件、負擔之事業可採取之手段如下:

---

80 詹鎮榮(2011),〈行政處分附款法制之傳統與革新——從公平交易法上之結合管制出發〉,《公平交易季刊》,19 卷 4 期,頁 6。

81 陳幼宜(2017),〈臺灣結合矯正措施〉,《萬國法律》,212 期,頁 53。

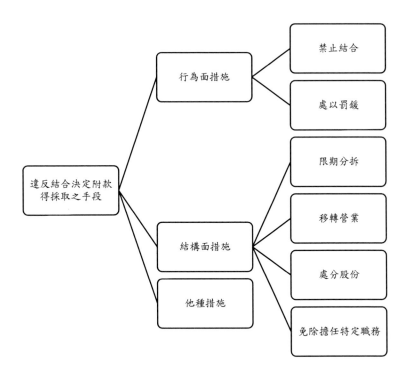

圖表 6　違反結合決定附款公平會得採取之手段

　　如前圖所述，公平會於結合事業不履行結合決定書所添加之條件或負擔時，所得採取之手段仍以行為面措施、結構面措施為主，並採用他種措施為輔。此之禁止結合，係指撤銷原決定，使事業結合成為未經同意結合違法。此等手段之目的乃將市場回復結合前之原狀，避免結合後之事業未履行條件、負擔之結合損害市場競爭、消費者福利。

第四項　不服公平會結合決定書附款之救濟方式

　　依據公平法第 13 條涉及標準必要專利的附款仍僅得為
「條件」、「負擔」。條件係指公平會作成決定後，該決
定是否生效取決於條件是否履行，而類型上可分為條件成
就後結合決定方生效之「停止條件」與條件成就後結合決
定即失效之「解除條件」。[82]負擔性質上為獨立於結合決定
外必會另為一定之作為、不作為或容忍義務之行政處分。[83]
故結合決定書若附款為負擔，該結合決定於作成時即生效
力，負擔是否履行與結合決定生效與否無關。

　　因通說主張請求撤銷行政處分之條件不得僅針對條件
訴請撤銷，而必須針對原處分全部訴請撤銷，針對附條件
行政處分之救濟方式較無爭議。[84]故過往對於行政處分附款
之爭議多針對負擔，特別在於可否單獨對於負擔提起撤銷
之訴、單獨撤銷負擔未同時撤銷原處分時是否會侵害行政
機關之判斷餘地。在市場競爭、消費者福利之判斷具有高
度專業性之結合決定情形，該爭議對於屬於獨立機關之公
平會更具重要性。

　　學說主張：「*若允許被處分人單獨針對附款訴請撤
銷，於其獲得勝訴判決時，可能使原處分機關被迫接受原*

---

[82] 盛子龍（2001），〈行政處分附款之行政爭訟〉，《中原財經法學》，6
　　期，頁 3-4。

[83] 胡博硯（2017），〈從中嘉案論行政處分附款的合法性與容許性〉，
　　《國會季刊》，45 卷 1 期，頁 12。

[84] 張永明（2010），〈行政處分附款之救濟〉，《月旦法學教室》，89
　　期，頁 15。

本無附款不願意作成該處分之結果，此時法院已侵犯行政
機關之裁量權，故對於附款不服時應針對原處分提起課予
義務之訴。」[85]

　　本書同前述見解，並基於功能最適理論認為：市場競爭損害、消費者福利之判斷具有高度專業性，公平會相較於法院確有其專業之處。當對於結合決定書之負擔不服時，須針對結合決定本身以及附加之條件、負擔一同提起課予義務之訴。此時法院若認原決定、附加之條件、負擔不適當，原則上不得自為判決，僅得要求公平會依據判決意旨作成新決定，此時公平會對於結合決定仍有完整之裁量權，以消除侵害公平會之判斷餘地以及單獨撤銷負擔對於市場競爭損害、消費者福利之不利影響事後難以回復之疑慮。

第四節　智慧財產權於我國結合管制之特殊性

　　所謂智慧財產權，主要指專利、商標、著作、營業秘密、網域名稱。此等權利之特性為權利範圍由特別法抽象劃定、無實體之無形資產、多數須向法定機關申請後才具備權利。普通財產權之權利由民法所賦予，多為可觸摸、可見之實體物，且權利範圍多清晰具體可見。礙於篇幅，本書所強調之智慧財產權將以專利法為主，並著重於晚近

---

[85]　盛子龍，前揭註 82，頁 5。

爭議巨大之標準必要專利。

專利權之移轉，並非將實體物移轉給受讓者，而僅需出讓人與受讓人讓與合意即生效力，縱使未向智慧財產局登記，依據專利法第 62 條第 1 項之規定，僅為不得對抗第三人，並不會影響權利讓與之效力。[86]反之，普通財產權之讓與除讓與合意外，更需出讓人事實上將實體物交付給受讓人，此時所有權移轉方生效力。除了專利權移轉外，專利更可透過授權使用，與普通財產權不同之處在於普通財產權之使用權限之授與，因要交付實體物原則上僅能授與一人，然而專利授權卻可透過獨家授權、專屬授權、非專屬授權等模式，將相同之權利同時授權不同被授權人使用。而在涉及智慧財產權之市場劃分，可分為創新市場、技術市場、商品市場且各有其特色，與普通財產權之市場劃分重心於產品市場亦有差異。再者，普通財產權之價值評估因有實體物較容易，而屬於無形資產之專利權之價值評估除考慮目前收取之授權金外，更需判斷因專利獨占特性是否會成為未來技術上不可缺少之部分，使其未來之價值明顯高於目前之價值。

此外，如同公平會本身強調結合後市場地位判斷除質與量分析外，更須注意：

> 「*讓與部分之財產或營業得與事業分離，而被視為獨立之經營單位（**如專利、商標、著作等**）；從生*

---

[86] 洪珮瑜（2014），〈專利讓與及授權實務〉，《萬國法律》，194 期，頁 26。

產、行銷通路或其他市場情形，讓與部分之財產或
營業具相當之重要性者；受讓公司取得讓與部分之
財產或營業，將構成受讓事業經濟力之擴張，而得
增加其既有市場地位者。」[87]

　　如前所述，智慧財產權與普通財產權有明顯不同，涉及智慧財產權移轉之結合審查有其重要性。下文將從智慧財產權授權之特殊性切入，並試圖探討智慧財產權於競爭法結合審查時，對於市場劃定、市場力量判斷之特色，最後以智慧財產權特殊性之視角，檢視結合管制對於標準必要專利之規範作用，更注意 FRAND 承諾對於公平會結合決定、附款之影響。

第一項　智慧財產權授權於競爭法之特殊性

　　智慧財產權可促進創新以及技術移轉，一方面因取得智慧財產權創造授權金交易市場，使得研發者有意願投資研發，透過授權獲取授權金保障其利益，同時提升市場整體技術品質；另一方面，一定期間的權利保障可避免他人侵權後研發成本血本無歸之後果發生。[88]欲完成前述制度性保障，智慧財產權授權扮演重要角色。智慧財產權授權類

---

[87]　公平交易委員會編著，前揭註 70，頁 64-65。

[88]　Organisation for Economic Co-operation and Development DIRECTORATE FOR FINANCIAL AND ENTERPRISE AFFAIRS COMPETITION COMMITTEE, Licensing of IP rights and competition law–Note by the United States, DAF/COMP/WD(2019)58 1, 5 (2019).

型上，大致上可分為獨家授權、專屬授權，非專屬授權三
種。所謂專屬授權，係指專利權人僅授權專利給一人，而
專利權於被授權後，僅有被授權人本身得實施該專利，專
利權人本身亦不得實施，且被授權人得自行決定是否再將
專利權授與他人；獨家授權則為專利權人亦僅得將專利授
權給一人，但授權後專利權人本身仍得實施該專利權，被
授權人取得授權後，得自由決定是否授與他人；所謂非專
屬授權指授權人得同時將專利授權數人，被授權人獲得授
權後僅得實施該專利，並不得再將專利授權他人。三種授
權類型之效力各有不同，對於競爭之影響亦有差別。

　　經濟合作暨發展組織（Organization for Economic
Cooperation and Development, OECD）分析美國競爭法，認
為美國競爭法具備促進創新、保護消費者福利之立法目
的，並認為動態競爭立足於創新之上。[89]該組織強調美國實
務主張智慧財產權並不僅使權利人免於競爭，更因智慧財
產權存在鼓勵他人在涉及風險、長期投資之部分參與競
爭。[90]談及專利授權自由（契約自由），OECD 認為若過度
箝制智慧財產權人之授權自由，因可以便宜的授權金獲取
技術，將使潛在創新者降低投資技術之意願而等待他人開
發，不利市場技術發展。[91]是以，美國對於智慧財產權之授
權並不採取積極干預之態度。

---

[89] Id.

[90] Id. at 6.

[91] Id. at 6.

2017 年美國司法部與聯邦調查委員會公佈「智慧財產權授權的反托拉斯指引」，該指引有以下特色：明文針對智慧財產權之反托拉斯調查並與普通財產權無異，且並不推定智慧財產權人具備市場力量，縱使具備市場力量其權利行使並不違法。此外，單一智慧財產權通常為產業中的一小部分，必須多數權利交叉授權、轉讓等方式集合方具價值，且智慧財產權人可透過授權獲得經濟收益。[92]智慧財產權人與被授權人可能為同一市場或垂直市場之競爭者，因此判斷智慧財產權授權時是否具有反競爭效果時，必須實質考慮雙方當事人之實質關係。[93]OECD 整理美國案例後談到美國在涉及智慧財產權結合審查保障創新之處理模式如下：

　　　　「*在結合將損害創新的競爭時，執法機關得採取禁止交易或尋求分拆，包含分拆智慧財產權、研發部門。*」[94]

　　OECD 對於歐盟智慧財產權授權與競爭法產生競合時，認為歐盟有兩個大前提：

　　　　其一為「*智慧財產權法雖賦予權利人專屬權利保障，但不使智慧財產權免除於競爭法規制。*」[95]；其

---

[92] *Id*. at 7-8.

[93] *Id*. at 9.

[94] *Id*. at 13.

[95] Organisation for Economic Co-operation and Development DIRECTORATE FOR FINANCIAL AND ENTERPRISE AFFAIRS COMPETITION COMMITTEE,

二為「*競爭法與智慧財產權法共同具有促進消費者
福利、有效利用資源的目的。*」[96]

綜上所述，美國與歐盟皆確認智慧財產權所賦予之專
屬權，並不導致競爭法於智慧財產權領域不適用；相反
的，智慧財產權法與競爭法皆具備促進創新、保護消費者
福利之目的，但因智慧財產權於現今可能成為進入市場之
障礙，此等情形為競爭法所需重視者。是以判斷智慧財產
權授權是否違反競爭法必須衡量「是否過度侵害智慧財產
權人權利，使競爭者可搭便車等待他人開發後廉價取得授
權，讓開發者研發成本血本無歸？」以及「智慧財產權人
是否以恣意作為市場進入控制之手段阻礙競爭？」。

第二項　智慧財產權對於競爭法市場劃定、市場力量之特殊性

有鑑於智慧財產權與競爭法交錯之複雜性，我國公平
會制定「公平交易委員會對於技術授權協議案件之處理原
則」（下稱授權處理原則）。授權處理原則第 4 條將相關
市場分為「創新市場、技術市場、商品市場」三種，與普
通財產權以「商品市場」為判斷重點有異。

在商品市場層次，所需考慮者為使用智慧財產權所生

Licensing of IP rights and competition law – Note by the EU, DAF/COMP/WD (2019)52, 2 (2019).

[96] *Id.* at 1.

產之產品在市場中是否具有替代性，換言之，係指限制智慧財產權實施讓使用該智慧財產權生產之「中間或終端產品商品市場」產生限制競爭效果。[97]商品市場之範圍：「*包含授權協議涉及之上下游商品範圍，不僅以功能相同、相似者為限*」。[98]此時判斷智慧財產權授權與普通財產權在相關市場之判斷並無顯著差異。

　　技術市場則以智慧財產權本身是否具備替代性為判斷，換言之乃指除取得係爭智慧財產權授權外，取得其他智慧財產權授權可否達成相同功能，產生相同效用之產品，故以技術本身替代性判斷市場範圍。當使用智慧財產權之商品與智慧財產權授權本身之市場可區分時，執法機構可針對智慧財產權授權於「技術市場」分析其限制競爭效果。[99]

　　創新市場著重於智慧財產權授權是否會阻礙新技術開發、創新產生反競爭效果。創新市場之範圍包含：「與可商品化產品研發相關之資產、與可產生新的產品研發相關之資產、與可提升產品質量研發相關之資產、與可提升產品製程研發相關之資產、與該智慧財產權可替代方案研發相關之資產」。[100]學者認為判斷研發市場時須具體分析：

[97] Antitrust Guidelines for the Licensing of Intellectual Property, 8 (U.S. Department of Justice and the Federal Trade Commission, 2017).

[98] 李素華（2001），〈專利及專門技術授權與公平法規範——研析審理技術授權協議案件處理原則〉，《智慧財產權月刊》，31期，頁8。

[99] U.S. Department of Justice and the Federal Trade Commission, *Supra note 97*, at 9.

[100] U.S. Department of Justice and the Federal Trade Commission, *Supra*

「*研發所需資產特性、所需經費、技術授權所生的產業綜*
效、是否透過技術授權阻礙替代性技術研發」。[101]

　　過往公平會於審理藍光光碟專利聯盟結合申請案時，
由於結合後公司以藍光產品必要專利授權為主要業務，故
公平會將相關市場界定包含：「與藍光光碟產品相關之商
品市場、技術市場及創新市場」。[102]處理原則第 4 條明文
審理技術授權案件之重點為「技術授權協議是否對相關市
場產生限制競爭之影響」，故判斷涉及智慧財產權之結合
案件時，須於結合審查中分析結合後之事業於智慧財產權
授權時，是否會對於「商品市場、技術市場、創新市場」
發生限制競爭之損害，並非等待結合後實際授權時方處
理，否則結合後已生的市場損害將難以回復。是以，公平
會於涉及智慧財產權之結合審查劃定市場範圍時，不僅分
析利用該智慧財產權所生之商品於市場中是否產生限制競
爭之不利益，更須考慮「該智慧財產權是否阻礙更近一步
之技術研發、該智慧財產權授權於結合後是否會變成智慧
財產權人可任意調整授權價格不需理會市場反應」，因此
須將與該智慧財產權相關授權市場、創新市場納入相關市
場為判斷。

　　關於智慧財產權人是否具備市場力量之部分，縱使智
慧財產權針對特定範圍具有獨占權，並不視為其於相關市

---

note 97, at 11.

[101] 李素華，前揭註 98，頁 8。

[102] 行政院公平交易委員會結合案件決定書公結字第 100002 號，頁 4。

場中一定具備市場力量，仍須具體判斷智慧財產權所生之技術、效果於市場中是否具備替代方案。授權處理原則第3條，「公平會審理涉及智慧財產權授權相關案件，不推定智慧財產權人具有市場力量」即為此見解，美國於 2017 年智慧財產權授權反托拉斯指引（Antitrust Guidelines for the Licensing of Intellectual Property）2.2 亦同此見解。

第三項　自智慧財產權特殊性看結合管制對標準必要專利之規範效用

於強調標準化之社會，標準必要專利成為進入市場所不可或缺之技術，此時拒絕授權直接影響競爭者進入市場與否，對市場之影響範圍除商品市場外，更可能包含研發、授權市場。再者，因標準必要專利原則上不具備替代技術，在授權市場可能享有 100%之市場占有率，與有替代技術之授權市場亦有差異，且標準必要專利權人授權其專利時亦負擔 FRAND 承諾義務，此時專利權人並不全面享有授權自由，是以公平會對於專利權人「不因具有專利而具備市場力量」之推定可能具修正空間。

面臨標準必要專利權人可能單方面影響市場競爭，公平會若要事前避免結合後事業損害競爭，可採取結合管制措施。首先重視標準必要專利與普通智慧財產權的不同之處，並將「使用該專利之商品市場」、「該專利之授權市場」、「類似技術研發市場」納入結合審查相關市場，並且採取較積極的態度嚴謹確認標準必要專利權人是否具備

市場力量，不能簡單推定不具備市場力量。

　　針對標準必要專利結合規制之重心為 FRAND 承諾，必須於結合決定使 FRAND 承諾效力內國法化，確保結合後標準必要專利權人於我國境內會依據 FRAND 授權其專利，更降低公平會事後以違反結合決定執法時，FRAND 承諾於我國不具效力、無法履行之爭執。

　　透過前述手段，可事前降低標準必要專利權人濫用其專利之疑慮，避免濫用標準必要專利後市場難以回復之狀況。

第四章　自司法實務的角度論標準必要專利對我國結合審查之影響

　　本書目的為研究具有標準必要專利事業結合時公平會應如何審查，以及審查後應如何作成結合決定書以及添加附款。於微軟公司與諾基亞公司結合案，國內外競爭法機關曾針對標準必要專利、FRAND 承諾在結合審查之影響為論述。我國公平會亦曾針對該案作成附款不予禁止結合之決定。況且，微軟公司與諾基亞公司曾針對該決定書不服，故經訴願、行政訴訟等程序亦提供相關研究素材，是以下文將就微軟、諾基亞結合審查申報案進行分析。

　　若讀者欲快速理解微軟諾基亞案於我國公平會決定書、臺北高等行政法院判決、最高行政法院判決以及中國大陸、歐盟決定書之脈絡，本書將前述決定書、判決書重要爭點與論述表格化於論文附錄篇章，讀者可先行參考。

第一節　以微軟/諾基亞案結合發展為例

第一項　微軟/諾基亞商業併購始末

2013 年 9 月 3 日，Microsoft Corporation（下稱微軟公司）與 Nokia Corporation（下稱諾基亞公司）共同宣布：

> 「*微軟、諾基亞公司雙方董事會同意微軟公司將以 37.9 億歐元購買諾基亞公司設備與服務部門；另以 16.5 億歐元取得諾基亞相關專利之授權以及被授權、使用諾基亞的地圖服務。總計交易對價為 54.4 億歐元，因需取得諾基亞公司股東同意以及符合相關法律規定，本交易預期於 2014 年第 1 季完成。*」
> [103]

微軟公司與諾基亞公司之併購協議條款中，微軟公司承諾將收購諾基亞公司設備與服務部門，其中包含智慧型手機、智慧型裝置部門，更包含相關產業設計、營運團隊以及部分生產設備。再者，微軟公司表示將承受諾基亞公司 32000 名的員工。更甚者，諾基亞公司生產部門移轉給微軟公司的部分估計價值為 14.9 億歐元，該數額占諾基亞

---

[103] Microsoft News Center, Microsoft to acquire Nokia's devices & services business, license Nokia's patents and mapping services, Microsoft News Center(2013), available at https://news.microsoft.com/2013/09/03/microsoft-to-acquire-nokias-devices-services-business-license-nokias-patents-and-mapping-services/ (last visited, Nov. 18, 2019).

公司 2012 年全年度網路銷售額接近 50%。[104]

　　根據微軟公司公告之「Accelerating Growth Microsoft's strategic rationale for deal announced with Nokia on September 3, 2013」報告顯示：併購之目的為提高微軟手機市占率、透過自己生產手機降低 OEM 生產成本、整合硬體設計與研發。微軟本身預估在 2018 年，其將享有 15%的市占率以及年收益 45 億美元。微軟公司明知智慧財產權為智慧裝置產業重要的要素，因此購買 8500 個諾基亞公司設計專利，用於 Lumia 等手機生產；更支付 16.5 億歐元用以取得諾基亞公司的發明專利。最終，該報告提到法律上許可的問題，微軟公司說明其將會向美國、歐盟、中國大陸、印度、巴西、加拿大以及其他國家提出結合審查申報。微軟公司認為結合後其擁有硬體、軟體部門，可在市場上與 Google、Apple 公司抗衡，促進市場競爭；此外，因併購後專利授權金費用下降，可降低微軟生產成本並提供消費者更多創新與選擇，增進消費者福利。基於前述理由，微軟公司有信心於 2014 年初取得結合許可。

　　2014 年 4 月 25 日，諾基亞公司宣布：除印度、南韓部分工廠修正為不轉讓給微軟公司外，其餘交易部分皆完成。[105]附帶而論，微軟公司於 2016 年 5 月 18 日，宣布以 3.5 億美元將併購自諾基亞公司的手機部門販賣給鴻海集團下的富智康公司。[106]

---

[104] Id.

[105] Id.

[106] 梁世煌，鴻海再下一城 115 億買下 Nokia, 旺報 (2016),載於：https://

2013/9/3
• 微軟公司宣布收購諾基亞公司

2013/12/2
• 美國FTC、司法部公告無條件不予禁止結合決定

2014/2/19
• 我國公平會作成附帶負擔不予禁止結合決定書

2013/12/4
• 歐盟作成無條件不予禁止結合決定書

2014/4/8
• 中國大陸作成附帶限制性條件不予禁止結合決定書

2014/4/25
• 諾基亞公司宣布除印度、南韓外其餘交易完成

2016/5/18
• 微軟公司宣布將手機部門販賣給富智康公司

2015/2/5
• 南韓作成有條件不予禁止結合決定

圖表 7　微軟/諾基亞案時間流程表

www.chinatimes.com/newspapers/20160519000929-260303?chdtv（最後瀏覽日 2020.4.3）。

第二項　概述微軟/諾基亞案於我國之發展

我國公平交易委員會（下稱公平會）於 2013 年 11 月收到微軟公司與諾基亞公司結合之申報。[107]公平會經審酌後，於 2014 年 2 月 19 日作成決定，為確保整體經濟利益大於限制競爭之不利益，公平會於結合案件決定書（下稱決定書）中附帶兩項負擔。負擔內容如下：

> *「一、Microsoft 不得於與智慧型行動裝置相關之專利授權為不當之價格決定或差別待遇，妨礙智慧型行動裝置製造商自由選擇行動作業系統。*
> *二、Nokia 對於標準必要專利之授權，應持續遵守公平、合理及無差別待遇（FRAND）原則。Nokia 若將標準必要專利讓與他事業，應確保受讓事業於授權時遵守前述之原則。」*[108]

微軟公司以及諾基亞公司對公平會決定書之附款不服，但因當時公平法對公平會決定不服尚未設有逕向法院起訴之規定，該二公司分別對行政院提起訴願。於 2014 年 10 月 8 日，行政院作成訴願決定駁回微軟公司與諾基亞公司之訴願。[109]對於行政院之訴願決定，微軟公司與諾基亞公司仍不服，進而向臺北高等行政法院提起行政訴訟，訴

---

[107] 曹惠雯（2014），〈公平會核准 Microsoft 及 Nokia 域外結合案〉，《公平交易委員會電子報》，5 期，頁 1。

[108] 公平交易委員會結合案件決定書公結字第 103001 號。

[109] 行政院決定書院臺訴字 1030148908 號。

請撤銷公平會決定書、行政院訴願決定。而在 2015 年 6 月 25 日，臺北高等行政法院作出判決，駁回原告之訴。[110]對於本判決，微軟公司接受判決並未再上訴。然而，諾基亞公司不服仍提起上訴。最終，最高行政法院作成判決駁回諾基亞公司之上訴，維持公平會原決定書所添加之附款。[111]至此，我國微軟、諾基亞結合申報案爭議劃上句點。

下列圖表概述微軟、諾基亞結合申報案於我國之進展：

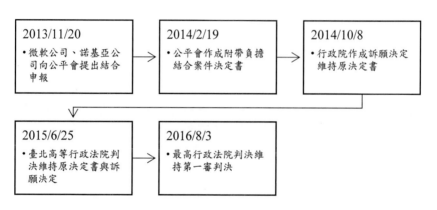

圖表 8　我國微軟、諾基亞案時程表

第三項　概述微軟/諾基亞案於國際之發展

本項將概述美國、歐盟、南韓以及中國大陸競爭法主管機關對於微軟、諾基亞結合申報案的發展。

---

[110] 臺北高等行政法院判決 103 年度訴字第 1874 號。

[111] 最高行政法院判決 105 年度判字第 403 號。

在美國，微軟公司向美國聯邦貿易委員會（Federal Trade Commission, FTC）以及美國司法部（Department of Justice, DOJ）提出結合申報，DOJ 於 2013 年 11 月 29 日不予禁止結合，FTC 亦於同年 12 月 2 日公告不予禁止結合。[112]值得注意者為，美國競爭法執法機關乃無條件不予禁止結合。

在歐盟，微軟公司於 2013 年 10 月 29 日向歐盟委員會（European commission）提出結合申報。經審查委員會認為微軟公司以及諾基亞公司於業務上僅有少部分重疊，微軟公司收購諾基亞公司硬體設備部門後，並不可能將其他競爭者排除於市場之外，更有來自於三星、Apple 等公司的競爭，是以本結合並不會引起任何競爭疑慮。[113]最終，歐盟委員會於 2013 年 12 月 4 日，無條件不予禁止通過微軟公司的結合申報。

在南韓，微軟公司於 2013 年 11 月向南韓公平交易委員會（下稱 KFTC）提出結合申報。該結合後將使微軟公司有能力自行生產手機，且為避免傷害南韓本地手機產業，KFTC 最重視者為結合後不能使標準必要專利授權金增加，

[112] Federal Trade Commission, 20140115: Microsoft Corporation; Nokia Corporation, Federal Trade Commission(2013), available at https://www.ftc.gov/enforcement/premerger-notification-program/early-termination-notices/20140115 (last visited, Nov. 27, 2019).

[113] European Commission, Mergers: Commission clears acquisition of Nokia's mobile device business by Microsoft, European Commission(2013), available at https://ec.europa.eu/commission/presscorner/detail/en/IP_13_1210 (last visited, Nov. 27, 2019).

是以決定書條件中最重要者為「*微軟公司同意在未來七年公平、合理、無歧視（FRAND）授權專利予南韓手機製造商，在該段期間並不會收取額外的費用*」，而於微軟公司同意後，遲至 2015 年 2 月 5 日，KFTC 方有條件不予禁止微軟公司與諾基亞公司之結合申報。[114]

在中國大陸，中華人民共和國商務部（下稱中國大陸商務部）於 2013 年 9 月 13 日收到微軟公司與諾基亞公司的結合申報（中國大陸反壟斷法稱之為「經營者集中反壟斷申報」，下文仍以結合申報稱之），提出後中國大陸商務部於 2013 年 11 月 8 日決定「進一步審查」本申報案，進一步審查後認為本結合對「中國大陸智慧型手機市場可能有排除、限制競爭效果」。2014 年 2 月 8 日，經微軟公司與諾基亞公司同意，中國大陸商務部延長審查期限。於審查延長終止日（2014 年 4 月 8 日）中國大陸商務部作出審查決定。為保障中國大陸智慧型手機市場，避免排除、限制競爭效果，限制性條件重點為兩公司結合後，FRAND承諾是否被維持，故要求微軟公司、諾基亞公司移轉專利後，必須依據 FRAND 承諾授權其標準必要專利予中國大陸智慧型手機相關廠商。[115]（相關具體條件與法律論述，本書於後詳述之。）

---

[114] Kim Yoo-chul, FTC conditionally approves Microsoft -Nokia deal, KOREA TIMES, 2015/2/5.

[115] 中華人民共和國商務部 2014 年第 24 號關於附加限制性條件批准微軟收購諾基亞設備和服務業務案經營者集中反壟斷審查決定的公告。

最後，概述國內外競爭法機構對於微軟、諾基亞結合申報之結論如下表：

表格 1　國內外競爭法對微軟/諾基亞申報案之結論

國內外競爭法對微軟、諾基亞申報案之結論	
國家	結論
我國	**作成附帶負擔決定書**
美國	作成無條件決定書
歐盟	作成無條件決定書
南韓	**作成有條件決定書**
中國大陸	**作成附帶限制性條件決定書**

　　透過上表格可得知，處於標準必要專利被授權方之國家，對於微軟、諾基亞申報案採取較保守之態度，多於結合決定書附加附款或條件以保障結合後仍能以合理條款取得專利授權，以此保護市場競爭；結合處於標準必要專利授權方之國家，則認為微軟、諾基亞公司結合後並不會對市場競爭產生損害，故多採取作成無條件決定書之態度。下文將以我國公平會決定書、行政法院判決為始，輔以歐盟、中國大陸之結合決定，分析微軟、諾基亞案中標準必要專利事業對於結合審查之影響，並作為後文提出具有標準必要專利事業結合審查相關爭議以及需注意事項之依據。

第二節　我國微軟/諾基亞案之始末

第一項　初探我國公平會微軟/諾基亞結合案件決定書

　　後文將先以我國公平交易委員會（下稱公平會）微軟、諾基亞結合案件決定書（下稱決定書）為起點說明微軟[116]、諾基亞結合案於我國之發展。立於決定書之基礎上，後節接續探討我國行政院訴願決定書對維持本案之理由[117]，並作為後項評析我國法院微軟、諾基亞結合申報案的判決前提。因公平法於 2015 年修法後條文有所變更，而本件公平會決定書、訴願決定書皆為修法前作成，但為方便對照新法，本書將以新法條號為論述。

　　本項文字簡化於附錄：「表格 4　我國微軟/諾基亞公平會結合決定書摘要」，讀者可搭配參考。

　　公平會於 2014 年 2 月 19 日作成決定書，於開頭公平會即說明本件為「附帶負擔不予禁止結合」[118]，具體負擔為：

　　　　「*微軟公司結合後不得於智慧型行動裝置作業系統之專利為不當之價格決定或差別待遇；諾基亞公司*

---

[116] 公平交易委員會結合案件決定書公結字第 103001 號。

[117] 行政院決定書院臺訴字 1030148908 號。

[118] 公平交易委員會結合案件決定書公結字第 103001 號，頁 1。

對於其標準必要專利之授權，必須遵守 FRAND 承
　　　　諾，若要讓與標準必要專利時，必須確保受讓人於
　　　　授權時仍遵守 FRAND 承諾」。[119]

　　　結合審查大前提部分，公平會自公平法第 10 條第 1 項
第 3 款結合審查前提切入，肯認微軟公司受讓「諾基亞公
司之裝置、服務部門」，符合該款「受讓他事業全部或主
要部分之營業或財產」，確實為公平法所規範之結合。其
後說明微軟公司 Windows 作業系統之市占率符合公平法第
11 條第 1 項第 2 款「市場占有率超過四分之一」以及微軟
公司及諾基亞公司銷售額均「在我國境內前一會計年度超
過同項第 3 款中央主管機關所公告之金額」，故須向公平
會提出結合申報。[120]

　　　市場界定與市場結構部分，公平會說明微軟公司與本
結合相關之業務為開發 Windows Phone、Windows RT、
Windows8 作業系統以及生產 Surface 平板電腦；諾基亞公
司與本結合相關之業務為行動裝置生產製造。且該二公司
於行動作業系統以及無線通訊有諸多專利。[121]故認為本件
涉及之市場為「智慧型行動裝置作業系統市場」、「智慧
型行動裝置市場」、以及「與前述二項產品有關之專利授
權市場」[122]。於後，公平會認為雖微軟公司與諾基亞公司

---

[119] 公平交易委員會結合案件決定書公結字第 103001 號，頁 2。
[120] 公平交易委員會結合案件決定書公結字第 103001 號，頁 2。
[121] 公平交易委員會結合案件決定書公結字第 103001 號，頁 3。
[122] 公平交易委員會結合案件決定書公結字第 103001 號，頁 2。

於全球提供產品、服務，但因涉及域外結合、多國管轄權，故以我國市場為地理範圍接續分析我國市場結構。公平會首先分析行動作業系統市場，認定微軟公司 Windows Phone 國內市場占有率為 2.2%-3.9%[123]；次之分析行動裝置市場，諾基亞公司國內智慧型手機市占率低於 5%[124]；最後分析與行動作業系統及行動裝置有關之專利授權市場，認定微軟公司具有 Exchange ActiveSync 通訊協定（下稱 EAS 協定）之相關專利，EAS 協定已為行動裝置製造商廣泛使用；且微軟公司享有 Android 行動裝置作業系統相關專利，並與行動裝置製造商簽訂「Android 授權計畫」，要求行動裝置搭載 Android 系統之製造商必須繳納授權金予微軟公司。另一方面，諾基亞公司具有 2G、3G、4G 行動通訊標準相關之專利，該等專利因已被制定入標準且欠缺可被替代之技術。[125]

限制競爭評估部分，公平會認為結合前微軟公司業務為授權 Windows Phone 作業系統，諾基亞公司業務為生產行動裝置，兩者業務並無重疊之處，故進行垂直結合競爭效果分析，並將審查重心置於避免市場封鎖。[126]換言之，係指結合後下游行動裝置製造商是否會無法自微軟公司、諾基亞取得 Android 作業系統之專利授權或者微軟公司有能力單方要求下游製造商改用 Windows Phone 作業系統以

---

[123] 公平交易委員會結合案件決定書公結字第 103001 號，頁 3。
[124] 公平交易委員會結合案件決定書公結字第 103001 號，頁 3-4。
[125] 公平交易委員會結合案件決定書公結字第 103001 號，頁 4。
[126] 公平交易委員會結合案件決定書公結字第 103001 號，頁 5。

及無法自諾基亞公司依據 FRAND 承諾取得通訊相關標準必要專利之授權。經調查後，公平會主張因微軟公司 Windows Phone 作業系統國內市占率僅有 2.2%，且市場上仍有 Android 作業系統可選擇，微軟公司無法藉由拒絕授權 Windows Phone 作業系統、提高授權金或給予差別性待遇封鎖競爭者進入市場。再者，微軟公司收購諾基亞公司之裝置、服務部門目的就是實現一條龍式生產，提高 Windows Phone 作業系統市占率，因此認定微軟公司無動機使用該等手段將競爭者排除於市場之外。話鋒一轉，決定書提及微軟公司是否有動機藉由提高 Android 作業系統相關專利之權利金使下游智慧型裝置製造商轉向使用 Windows Phone 作業系統。公平會認為，微軟公司是否會提高 Android 作業系統專利授權金取決於 iOS 系統的競爭壓力，因此結合後微軟公司未必能在市場上取得獨占地位。不可否認者為，結合後微軟公司具備智慧型裝置生產部門，降低對產品製造商之依賴，仍有提高 Android 相關專利授權金之誘因，透過提高 Android 作業系統取得成本使 Android 產品價格上升，並鼓勵下游廠商改用 Windows Phone 作業系統，傷害市場競爭以及減損消費者福利。因此，有必要要求微軟公司不得對 Android 作業系統相關專利授權為「不當價格決定或差別待遇」，以避免限制競爭之不利益。[127]關於微軟 EAS 協定部分，一方面為微軟公司已於 2008 年開放該協定免費為公眾取得，且大多數智慧型

---

[127] 公平交易委員會結合案件決定書公結字第 103001 號，頁 6。

裝置都已取得長期授權無法由微軟公司單方提高授權金。再者，市場上仍有其他通訊協定可替代，微軟無法進行市場封鎖而損害競爭。[128]最後，關於諾基亞公司的行動裝置專利，公平會有以下之見解：首先否認歐盟對於結合審查僅限於移轉標的與受讓方之見解，認定諾基亞公司為公平交易法實施細則第 8 條第 1 項第 1 款之「參與結合事業」，雖諾基亞公司因將智慧裝置製造、服務部門出售而退出行動裝置製造市場，仍屬於結合參與事業，故公平會可對諾基亞公司為審查。[129]公平會認為，結合後諾基亞公司可能提高標準必要專利授權金，使得市場上之行動裝置售價提高，產生限制競爭不利益。為避免前述情事發生，公平會要求諾基亞公司「結合後，授權標準必要專利時須持續符合 FRAND 承諾」以及「移轉標準必要專利時須確保受讓人受讓後仍依據 FRAND 承諾授權標準必要專利」有其正當性。[130]

在效率、經濟利益評估部分，微軟公司主張與諾基亞公司結合後，可提升產量、增加市場對於 Windows Phone 作業系統之信心。公平會參酌谷歌公司與摩托羅拉公司結合之後續發展，肯認行動裝置作業系統供應商與行動裝置製造商之垂直結合，可能產生「*降低價格、提高品質、增加產出、促進創新之提升競爭效果，最終使消費者受有利*

---

[128] 公平交易委員會結合案件決定書公結字第 103001 號，頁 7。
[129] 公平交易委員會結合案件決定書公結字第 103001 號，頁 8。
[130] 公平交易委員會結合案件決定書公結字第 103001 號，頁 8。

益」¹³¹。再者，公平會認為，結合後微軟公司若能使 Windows Phone 作業系統市占率提高，將成為第三個「智慧型行動裝置作業系統生態系統」，使市場上應用程式有更多平臺可選擇上架，有助於智慧型行動裝置作業系統生態系統間之競爭。

最後，公平會作出結論：本結合無顯著改變相關市場結構以及無顯著減損相關市場競爭，但為保障整體經濟利益大於限制競爭之不利益，添加負擔不予禁止結合。

第二項　再探我國微軟/諾基亞案行政院訴願決定書

對於公平會之決定書，微軟公司與諾基亞公司皆對附加之負擔不服，而依當時公平法之規定，對於公平會之決定書向法院起訴前，必須經過訴願程序，故該二公司皆向行政院提起訴願，行政院於 2014 年 10 月 13 日做成訴願決定書¹³²，詳如後述。本節文字簡化於附錄：「表格 5　我國微軟/諾基亞案行政院訴願決定書摘要」，讀者可搭配參考。

提起訴願時微軟公司主張：1.結合前 Windows Phone 作業系統以及諾基亞公司生產之智慧型裝置並非市場主流產品，結合後並不會使行動裝置作業系統市場、行動裝置市場產生限制競爭之不利益。2.微軟公司結合後僅受讓諾

---

¹³¹ 公平交易委員會結合案件決定書公結字第 103001 號，頁 9。
¹³² 行政院決定書院臺訴字 1030148908 號。

基亞公司行動裝置之營業、設計專利，並不會使行動裝置
專利授權市場改變，公平會認定微軟公司結合後將改變授
權行為，為不正確論證。3.因諾基亞公司行動裝置之市占
率過低，無法以提高專利授權金之手段增加市占率，且結
合後為製造智慧型裝置，微軟公司必須向 Android 行動裝
置製造商取得專利交叉授權而喪失談判優勢地位，其更不
可能提高授權金。4.因 Windows Phone 作業系統市占率
低，提高 Android 作業系統專利授權金不會使智慧型裝置
製造商改用 Windows Phone 作業系統，進而使其反彈，更
促使其改用市占率較高的 iOS 作業系統，微軟公司並不因
此受有利益，故無商業上誘因提高 Android 專利授權金。5.
微軟公司主張，Android 作業系統相關專利、EAS 協定相關
專利並非標準必要專利。依專利法，專利權人具備基於正
當商業考量訂定授權條款之權利，公平會遽論微軟公司因
非標準必要專利具有市場力量，欠缺法源依據。6.美國、
歐盟皆認為本件結合無限制競爭疑慮，公平會未說明微軟
公司結合後於我國專利授權將產生何等差別待遇、不當價
格決定；再者，中國大陸雖作成附加限制性條件通過之決
定，該條件所針對者為授權金之部分，與我國公平會添加
之負擔有所不同。7.結合後，對於標準必要專利，微軟公
司本應受到 FRAND 承諾拘束；非標準必要專利者，仍有其
他法令可規制，公平會無須添加負擔。公平會將公平法禁
止行為以負擔附加於處分，不當擴大公平法之法律效果，
該負擔與公平法第 13 條第 2 項「確保競爭秩序大於限制競
爭不利益」無合理關聯，添加負擔違反不當連結禁止原

則。[133]

　　諾基亞公司提起訴願時主張：1.我國公平法之結合規制範圍僅限於「受讓事業」，並以歐盟、日本對系爭二公司之結合決定皆僅針對微軟公司（受讓者）為審查，我國公平會於結合決定書對結合後諾基亞公司之專利授權附加負擔無法律上依據。2.本件結合未涉及任何標準必要專利，標準必要專利市場之結構不因此有所改變，未來該等專利如何轉讓與授權，與本結合案無關。3.諾基亞公司違反 FRAND 承諾提高授權金為無稽之談，且違反時有公平法獨占相關規定可資救濟，原決定書負擔不當擴大公平法之法律效果，與公平法第 13 條第 2 項「確保競爭秩序大於限制競爭不利益」無合理關聯，添加負擔違反不當連結禁止原則。[134]

　　針對微軟公司之主張公平會答辯如下：1.公平法於結合後「對整體經濟利益大於限制競爭不利益」之審查範圍不以「結合標的、讓與財產」為限。本件結合後對「韓國、中國大陸以及我國」行動裝置製造市場產生劇烈變動，且確實影響我國行動裝置製造商的上下游競爭，故作成附帶負擔之決定。2.微軟公司收取 Android 專利授權金的收益為 Windows Phone 作業系統之 5 倍；Android 專利授權涉及市場 7 成智慧型行動裝置，已成為微軟營收重要來源，且市場上行動裝置製造商已有 7 成以上與微軟簽署專

---

[133] 行政院決定書院臺訴字 1030148908 號。
[134] 行政院決定書院臺訴字 1030148908 號。

利授權合約，顯示微軟公司於專利授權市場具有巨大市場力量；結合後微軟公司有誘因以「調升 Android 與 EAS 相關專利授權金，使下游智慧型裝置製造商生產成本增加；同時鼓勵改用 Windows Phone 作業系統」之手段，達成拓展微軟公司自產智慧型裝置與 Windows Phone 作業系統市占率之目的。3.從產業政策、國際競爭面向觀之，結合後若專利授權金提高，將使我國廠商競爭力下滑。4.EAS 協定以及 Android 相關專利，產業已普遍應用，且技術上難以替代，故於微軟公司提升授權金並不會使行動裝置製造商放棄取得授權。5.中國大陸商務部以「附帶限制性條件」通過本件結合申請可作為比較法上依據，一方面證實原決定書關於微軟公司「Android 作業系統以及行動裝置相關專利授權」將影響下游智慧型裝置製造商市場競爭，故原決定書添加負擔合法且具正當關聯；另一方面，亦確證微軟公司於結合後有提高專利授權金之疑慮。6.我國行動裝置製造商毛利低且面臨中國大陸廠商搶食市場，提升少部分授權金將影響產品能否於市場上具競爭力，若公平會撤銷原決定書負擔並放任微軟公司專利授權為差別待遇或不當價格決定，將使我國行動裝置製造商與中國大陸廠商競爭時立於更弱勢地位。7.因 iOS 系統未授權 Apple 外行動裝置使用，行動裝置「開放式」作業系統僅有 Android 與 Windows Phone，微軟公司不需擔憂提高 Android 相關專利授權金後，被授權人可向其他專利權人取得授權而喪失市場份額，故其具市場力量。8.調高專利授權金最終將於產品售價上轉嫁給消費者，有損消費者福利。9.微軟若提

高 EAS 以及 Android 相關專利授權金，可達成「提升 Windows Phone 作業系統市占率、削弱使用 Android 作業系統智慧裝置之競爭力、增加權利金」的三贏效果，前述行為對市場競爭之影響，與本結合申請具重要關聯。10.公平法結合管制之目的為「事前對結合所生之經濟力集中為管制，避免該集中對市場產生損害以及維持市場有效競爭」，原決定書之負擔要件較公平法規定嚴格，未違背管制目的。[135]

　　針對諾基亞公司之主張，公平會答辯如下：1.「讓與事業」依公平法仍屬「結合參與事業」2.讓與事業結合後於市場競爭「誘因與能力」有所改變，屬結合整體經濟利益、限制競爭不利益審查範圍之內。再者，歐盟於本件結合申請雖未將諾基亞公司納入審查範圍，但仍表示會持續監督該公司，若該公司未來濫用其專利，將展開競爭法調查，此可證明歐盟對諾基亞公司結合後是否濫用專利並非無疑。3.諾基亞公司具眾多標準必要專利，結合後因該公司不自行生產智慧型裝置而無需自其他智慧型裝置製造商取得交互授權，若諾基亞公司單方提高專利授權金時，其餘專利權人無法以相同手段反制之，市場平衡有所破壞，該公司於專利授權市場對價格控制能力更高。再者，雖諾基亞公司曾對於標準必要專利作出 FRAND 承諾，該公司僅需將標準必要專利讓與他人即可迴避該承諾之拘束。4.若諾基亞公司收取高額授權金對我國產業政策以及我國廠商

---

[135] 行政院決定書院臺訴字 1030148908 號。

國際競爭力有負面影響。5.中國大陸商務部於微軟諾基亞案結合決定附加之限制性條件亦包含「結合後標準必要專利授權持續遵守 FRAND 承諾；諾基亞公司未來移轉標準必要專利時，必須確保受讓人未來授權該等專利時仍遵守 FRAND 承諾方得移轉」，可得證諾基亞公司行動裝置、行動裝置作業系統之專利授權與本申請案有正當、合理關聯，更有附加負擔之必要。6.諾基亞公司主張 FRAND 承諾模糊，但曾於 2014 年 2 月 6 日向公平會表示會既須遵守 FRAND 承諾，臺灣公司可信賴諾基亞公司之承諾，該公司高度參與標準制定以及標準制定組織，本應對 FRAND 承諾熟悉，若認為該承諾模糊，何以確信未來持續遵守該承諾？7.標準制定組織為民間組織，違反 FRAND 承諾之效果僅為無法參與標準制定，制裁效果有限。若撤銷原決定書之負擔，諾基亞公司可提高專利授權金，用以填補少向大陸廠商收取之部分，將扭曲市場競爭、妨礙產業發展及損害消費者福利。[136]

　　依據公平會之抗辯，行政院訴願審議委員會不附任何理由完全肯認公平會之主張，進而認定本件訴願為無理由。

---

[136] 行政院決定書院臺訴字 1030148908 號。

第三項　終探我國微軟/諾基亞案法院判決

第一目　微軟/諾基亞案臺北高等行政法院判決概述

　　微軟公司與諾基亞公司對於行政院之訴願決定仍不服，分別向臺北高等行政法院（下稱北高行）提起撤銷之訴。北高行認為該二公司起訴為同一事件，於取得兩造同意後合併辯論、審理本訴訟，後於 2015 年 6 月 25 日判決駁回微軟公司、諾基亞公司之請求。[137]

　　本目之論述表格化於附錄：「表格 6　微軟/諾基亞案臺北高等行政法院見解摘要」，讀者可搭配參考。

　　於事實面，北高行認為：「*微軟公司結合後一受讓諾基亞公司大部分營業與資產、自諾基亞公司取得相關專利 10 年非專屬授權，並有選擇權將該專利授權延展為永久；同時取得地圖定位服務的互惠授權。*」，該交易屬於公平法「受讓或承租他事業全部或主要部分」，故須為結合審查。[138]

　　原告微軟公司不服，起訴論以：1.微軟公司並未因本結合取得諾基亞公司任何「*行動裝置相關發明、新型專利權、得將該等專利授權第三人之權利*」[139]，是以本件將「智慧型行動裝置專利授權市場」視為相關市場，不當擴張結合審查範圍。2.原決定書認定「智慧型行動裝置市

---

[137] 臺北高等行政法院判決 103 年度訴字第 1874 號；臺北高等行政法院判決 103 年度訴字第 1858 號。

[138] 臺北高等行政法院判決 103 年度訴字第 1874 號，頁 2。

[139] 臺北高等行政法院判決 103 年度訴字第 1874 號，頁 2。

場」、「智慧型行動裝置作業系統市場」、「智慧型行動
裝置相關之專利授權市場」不因本結合顯著影響市場結
構、減損市場競爭，公平會決定書於後又認定本結合案將
使「*智慧型行動裝置專利授權市場均衡狀態改變*」，公平
會論述前後矛盾；接續對微軟公司的專利授權行為添加負
擔亦違反公平法第 13 條第 2 項之規定，本件無依同條第 1
項禁止結合之必要。[140] 3.公平會認為微軟公司無誘因針對
市場為「垂直封鎖」，是以本件並無附加負擔確保結合後
「智慧型裝置作業系統市場以及智慧型行動裝置市場，整
體經濟利益大於限制競爭之不利益」，故原決定書添加負
擔與公平法第 13 條之立法目的有違，更違反行政程序法第
94 條不當連結禁止原則。[141] 4.公平會並未嚴格證明微軟公
司在「智慧型行動裝置相關之專利授權市場」有顯著市場
力量以及濫用市場力量影響市場競爭之疑慮以及具能力單
方提高專利授權金；再者，依據北高行「102 年訴字 1414
號判決」，本件應由公平會舉證原決定書之負擔與「確保
整體經濟利益大於限制競爭不利益」具合理關聯。綜上所
述，原決定書逕以其他廠商之臆測恣意附加負擔，具重大
錯誤，更違反不當連結禁止原則。[142] 5.原決定書要求微軟
公司於智慧型行動裝置相關專利授權「不得為不當價格決
定、差別待遇」，無視公平法僅對獨占事業為該等限制；

---

[140] 臺北高等行政法院判決 103 年度訴字第 1874 號，頁 3。
[141] 臺北高等行政法院判決 103 年度訴字第 1874 號，頁 3。
[142] 臺北高等行政法院判決 103 年度訴字第 1874 號，頁 3-4。

再者，為該等限制亦須符合「有致限制競爭結果或妨礙公平競爭之虞」，微軟公司於智慧型裝置相關專利授權市場僅有少數市占率，公平會之負擔逾越公平法規制範圍，違法。[143] 6.公平會依據原決定書之負擔，於未來微軟公司違法時，除可依公平法第 39 條第 1 項矯正違法行為，更得援引行政程序法第 123 條第 3 款廢止原決定書，可見該負擔已生不當法律效果、使原決定書效力未定，明顯違法，有撤銷之必要。[144] 7.原決定書附款要求微軟公司「不得為特定行為」，是為負擔。負擔性質上為獨立之行政處分，微軟公司可單獨訴請撤銷。公平會抗辯原決定書內容與負擔有「邏輯之不可分性」，不得單獨撤銷無理由。[145] 7.縱使將「智慧型行動裝置相關之專利授權市場」納入審查範圍，結合後微軟公司具有智慧型行動裝置製造部門，製造智慧型行動裝置時亦需取得其他專利權人之授權，更難單方提高智慧型行動裝置相關專利授權金，公平會忽視此事實有所違誤。[146]基於前述理由，微軟公司請求北高行撤銷行政院訴願決定以及原決定書對微軟公司所添加之第一項負擔。

　　原告諾基亞公司主張如下：1.原決定書之負擔涉及諾基亞公司未移轉之營運與智慧財產。遵循公平法以及其餘法規，該等營運與財產即受到與原決定書負擔相同之限

---

[143] 臺北高等行政法院判決 103 年度訴字第 1874 號，頁 4。
[144] 臺北高等行政法院判決 103 年度訴字第 1874 號，頁 5。
[145] 臺北高等行政法院判決 103 年度訴字第 1874 號，頁 5。
[146] 臺北高等行政法院判決 103 年度訴字第 1874 號，頁 6。

制，公平會無須另為負擔。再者，我國現行法以及外國立法例上並無將出讓者納入結合管制之明文規範，原決定書之負擔於法無據。[147] 2.諾基亞公司擁有之專利（包含標準必要專利），不因本結合案使數量、類型有所增減，市場力量並無變更，故「智慧型行動裝置相關專利授權市場」並非相關市場，以該市場為前提為負擔，與本結合案無正當關聯，應予撤銷。[148] 3.本結合案未影響諾基亞公司之標準必要專利數量與價值、已存在的專利授權合約內容，無限制市場競爭之可能；再者，諾基亞公司標準必要專利之權利行使以及專利權轉讓為該公司之商業行為，與市場結構以及系爭結合案無關。是以，原決定書以「諾基亞公司如何使用標準必要專利屬結合特有」為加以負擔之理由，與決定書目的不符，違反不當連結禁止原則。[149] 4.公平會應舉證原決定書之負擔可確保整體經濟利益大於限制競爭不利益。原決定書負擔僅重申須遵守 FRAND 承諾，不符公平法第 13 條第 2 項之要件，更不符行政程序法 94 條不當連結禁止之規定。[150] 5.公平會一方面漠視對諾基亞公司有利之內容，另未針對諾基亞公司將提高標準必要專利授權金為舉證，僅以保護產業立場之主觀臆測為據認定該公司有違反 FRAND 承諾授權之誘因，與證據法則有違，更違反

---

[147] 臺北高等行政法院判決 103 年度訴字第 1874 號，頁 7。
[148] 臺北高等行政法院判決 103 年度訴字第 1874 號，頁 7-8。
[149] 臺北高等行政法院判決 103 年度訴字第 1874 號，頁 8。
[150] 臺北高等行政法院判決 103 年度訴字第 1874 號，頁 9。

行政程序法 36 條有利不利一併注意原則。[151] 6.中國大陸商務部之審查決定於原決定書後作成，不應作為判斷原決定書合法之證據。[152] 7.原決定書所附加之附款性質為負擔，並非條件。負擔為單獨行政處分，可獨立於原決定書之外單獨訴請撤銷。[153]綜上所述，諾基亞公司訴請北高行撤銷訴願決定以及原決定書對諾基亞公司所附加之第二項負擔。

　　公平會就微軟公司、諾基亞公司之主張，答辯如下：1.依據公平法第 10 條第 1 項第 3 款結合者，參與結合事業包含「受讓事業與讓與事業」；再依公平法施行細則第 8 條第 1 項，出讓、受讓事業皆有申報義務，本件公平會自可對微軟公司、諾基亞公司為審查。[154] 2.因諾基亞公司擁有 2G、3G、4G 之標準必要專利，為我國行動裝置製造商競爭上不可欠缺；結合後，諾基亞公司無智慧型裝置生產部門，無須與其他廠商為交叉授權、打破授權恐怖平衡。因此，對專利授權金之影響為結合特有，原決定書將「與智慧型裝置相關之專利授權市場」納入相關市場範圍，並無違誤。此外，結合後因欠缺交叉授權之壓力，諾基亞公司可逕自決定是否授權、授權金數額，更有能力控制市場價格，故原決定書之負擔與公平法第 13 條之立法目的相

[151] 臺北高等行政法院判決 103 年度訴字第 1874 號，頁 9。

[152] 臺北高等行政法院判決 103 年度訴字第 1874 號，頁 9。

[153] 臺北高等行政法院判決 103 年度訴字第 1874 號，頁 10。

[154] 臺北高等行政法院判決 103 年度訴字第 1874 號，頁 10。

合。[155] 3.因使用 Android 作業系統之市占率高達八成，且收取 Android 作業系統相關專利授權金為微軟公司重要營收，微軟於「與智慧型行動裝置作業系統及智慧型行動裝置相關之專利授權市場」具有相當市場力量。4.我國多數智慧型行動裝置製造商認為結合後因微軟公司自身擁有智慧型裝置製造部門，可能以提高專利授權金為手段影響下游競爭，故從產業政策、國際競爭力面向，對市場確有影響，此等論述並非單純臆測。5.參酌中國大陸商務部之附帶限制性條件許可決定，更證明本結合影響下游競爭，添加負擔有其必要性。且我國智慧型行動裝置製造商之競爭者主要來自於中國大陸，若公平會未要求微軟公司不得為「不當價格決定或差別待遇；不得妨礙智慧型行動裝置製造商選擇作業系統」，將使微軟公司得恣意調高專利授權金，使我國廠商與中國大陸廠商競爭於處於更不利地位，妨礙產業發展，更有害於消費者。[156] 6.因結合後微軟公司有誘因提高 Android 作業系統以及 EAS 協定相關專利授權金，用以協助提升本身智慧型行動裝置之市占率，原決定書第一款防止提高專利授權金對於市場之限制競爭不利益，合於公平法第 13 條第 2 項、行政程序法第 94 條之規定。[157] 7.原決定書與負擔有「邏輯上不可分性」，負擔並非原決定書外獨立之構成部分，且單獨撤銷負擔侵犯公平

---

[155] 臺北高等行政法院判決 103 年度訴字第 1874 號，頁 11。
[156] 臺北高等行政法院判決 103 年度訴字第 1874 號，頁 12。
[157] 臺北高等行政法院判決 103 年度訴字第 1874 號，頁 13。

會之判斷餘地、減縮行政裁量空間、違背權力分立，故負擔不得單獨予以撤銷。[158]

　　北高行整理本件爭點為：「原決定書附負擔是否違法」以及「公平會依據公平法第 13 第 2 項添加負擔是否合法」。[159]

　　北高行先肯認事前結合管制「*可有效市場走向不利益競爭，降低濫用市場獨占力濫用之機會與事後執法成本*」[160]，更說明國外競爭法機關結合矯正措施可分為「結構面、行為面」兩種類型。北高行提到，公平會結合審查更須重視「未來可能變化的預測」，在市場強調無形資產與動態競爭價值的知識經濟時代，單純對市場有利或不利之案件罕見，故無條件通過或全面禁止結合之決定錯誤機率更高，故添加「結構面、行為面」矯正措施有其正當性，且依據公平法第 13 條第 2 項、公平交易委員會對於結合申報案件之處理原則（下稱結合申報處理原則）第十四點，於法有據。再者，藉由該等矯正措施，可透過與申請人協商獲取產業、市場資訊，使結合決定附款與市場運作接軌，有效達成保障市場競爭之目的。[161]

　　北高行認為結合管制目的可分為「禁止結合後產生市場實質減損競爭之效果（以美國法為代表）」、「避免結合後市場出現支配地位者（以德國法為代表）」、「從公

---

[158] 臺北高等行政法院判決 103 年度訴字第 1874 號，頁 15。

[159] 臺北高等行政法院判決 103 年度訴字第 1874 號，頁 16。

[160] 臺北高等行政法院判決 103 年度訴字第 1874 號，頁 17。

[161] 臺北高等行政法院判決 103 年度訴字第 1874 號，頁 17。

共利益審查」三種類型，參酌我國公平法第 13 條規定，我
國管制目的與美國法「禁止結合後產生市場實質減損競爭
之效果」相似。

　　對於本件爭點，法院判斷如下：1.法院再次重申依據
原決定書內文所述及公平會之答辯，原決定書市場界定、
市場結構、限制競爭分析正確，並以此添加負擔合法。2.
依據「知識及產業經濟特性」，結合案附加「結構面或行
為面」矯正措施為條件、負擔合法，故本件之負擔不可作
為單獨之行政處分獨自撤銷。[162] 3.因行動裝置市場結構過
度集中，主管機關為審查時須針對「*事業競爭之重要資訊*
財產、相關基礎專利，結合後直接或間接不當提高市場進
入障礙、可能影響潛在競爭、改變市場結構之商業策略」
[163]為說明。此外，智慧型行動裝置製造商利潤微薄，專利
授權金僅需些微提高，對於該等廠商之獲利影響重大。若
授權金違反 FRAND 承諾，將降低我國該等廠商與國外廠商
之競爭力，產生限制競爭，故法院認為將「與智慧型行動
裝置、智慧型行動裝置作業系統相關之專利授權市場」納
入審查範圍合法。[164] 4.法院認為公平法第 10 條第 1 項第 3
款之「主要部分之營業或財產」僅用以判斷事業間之營
業、財產轉讓是否屬公平法之結合，而非用以界定審查對
象與範圍；於計算參與結合事業之銷售額時，係以結合參

---

[162] 臺北高等行政法院判決 103 年度訴字第 1874 號，頁 31。
[163] 臺北高等行政法院判決 103 年度訴字第 1874 號，頁 32。
[164] 臺北高等行政法院判決 103 年度訴字第 1874 號，頁 31。

與事業全體銷售額為斷，並不區分讓與方或受讓方。故公平法第 10 條第 1 項第 3 款之參與結合事業包含「受讓事業及讓與事業」，再依公平法施行細則 8 條第 1 項，「受讓事業及讓與事業」均具結合申報義務。而本件諾基亞公司結合後不需受到專利交互授權之牽制，更有能力提高專利授權金與拒絕授權，基於防範市場集中減損市場競爭之目的，諾基亞公司應納入審查範圍。[165] 5.標準必要專利為智慧型行動裝置製造商不可缺少之要素，而結合後諾基亞公司不再受有交叉授權市場壓力，有能力單方調整授權金為「結合特有」之反競爭疑慮，故將「與智慧型行動裝置、智慧型行動裝置作業系統相關之專利授權市場」納入審查具正當性。[166] 6.諾基亞公司擁有眾多標準必要專利，該等專利市場上並無替代技術，故該公司於「與智慧型行動裝置、智慧型行動裝置作業系統相關之專利授權市場」，具有強大市場力量，結合後不具智慧型裝置製造部門，更可能倚賴專利授權金為主要營收。[167] 7.諾基亞公司無交叉授權之市場壓力後，若提高專利授權金，立即影響智慧型行動裝置價格使消費者受有不利益，故要求該公司專利授權遵守 FRAND 承諾、移轉時須確保受讓人持續遵守 FRAND 承諾之負擔，與維護消費者福利具正當關聯，符合公平法第 13 條第 2 項之規定。[168] 8.關於 Android 相關專利授權之

---

[165] 臺北高等行政法院判決 103 年度訴字第 1874 號，頁 33。
[166] 臺北高等行政法院判決 103 年度訴字第 1874 號，頁 35。
[167] 臺北高等行政法院判決 103 年度訴字第 1874 號，頁 35。
[168] 臺北高等行政法院判決 103 年度訴字第 1874 號，頁 36。

部分，全球有七成智慧型行動裝置製造商與微軟公司簽訂授權，而開放式行動裝置作業系統僅有 Android 與 Windows Phone 作業系統，受限於新開發智慧型行動裝置作業系統無法吸引智慧型裝置搭載以及應用程式上架之市場障礙，若微軟公司提高授權金，智慧型行動裝置製造商僅能接受或改用 Windows Phone 作業系統，故微軟公司亦不須擔憂提高授權金會流失大量客戶，可證實該公司於「與智慧型行動裝置作業系統相關之專利授權市場」具有市場力量。[169] 9.微軟公司受讓諾基亞公司裝置、服務部門後，降低對其他智慧型行動裝置製造商之依賴，有誘因提高與 Android 作業系統、EAS 協定相關專利之授權金，用以提升競爭對手成本便於本身拓展智慧型行動裝置市場、推廣 Windows Phone 作業系統市占率。再者，原告表示銷售智慧型裝置之利潤為授權 Windows Phone 作業系統之 4 倍，更能證明原告具調高授權金之疑慮。[170] 10.因收取 Android 作業系統相關專利授權金已成為微軟公司主要營收來源，且該公司於「與智慧型行動裝置相關之專利授權市場」具市場力量。若微軟公司單方提高專利授權金，其他智慧型行動裝置製造商仍會繼續取得授權，故該公司有誘因亦有能力提高專利授權金。[171] 11.同屬智慧型行動裝置製造重鎮之南韓與中國大陸，對於本件結合申報均針對微

---

[169] 臺北高等行政法院判決 103 年度訴字第 1874 號，頁 38。
[170] 臺北高等行政法院判決 103 年度訴字第 1874 號，頁 39。
[171] 臺北高等行政法院判決 103 年度訴字第 1874 號，頁 39。

軟公司之專利授權為附款，可為微軟公司有提高專利授權金之誘因與能力之佐證。[172] 12.Windows Phone 作業系統係於「智慧型行動裝置作業系統」占市占率 5%，而微軟公司之 EAS 協定為「事實上標準」，與微軟公司於「與智慧型行動裝置相關之專利授權市場」具市場力量無涉。13.「與智慧型行動裝置相關之專利授權市場」之範圍，包含 Android 作業系統相關以及 EAS 協定之全部專利，並無不明確之處。[173] 14.微軟公司曾承諾旗下產品願以「合理且無差別待遇」授權專利，原決定書僅要求微軟公司不得於專利授權時為不當價格決定，較原告之承諾為寬鬆；結合前，該公司即表明願意「合理、無差別待遇、不歧視」授權 Android 作業系統相關以及 EAS 協定專利，故原決定書之負擔並未增加微軟公司之義務，無違明確性原則、比例原則。[174] 15.諾基亞公司早已對「標準必要專利」作出 FRAND 承諾，原決定書之負擔並未逾越原 FRAND 承諾之範圍，合法。

　　綜上所述，臺北高等行政法院判決駁回原告微軟公司、諾基亞公司之訴，維持公平會原決定書以及行政院訴願決定。

第二目　微軟/諾基亞案最高行政法院判決概述

　　諾基亞公司不服北高行判決並向最高行政法院（下稱

---

[172] 臺北高等行政法院判決 103 年度訴字第 1874 號，頁 40。
[173] 臺北高等行政法院判決 103 年度訴字第 1874 號，頁 40。
[174] 臺北高等行政法院判決 103 年度訴字第 1874 號，頁 41。

最高行）上訴，最高行於 2016 年 8 月 3 日作成 105 年度判字第 403 號判決，下文詳述之。本目之論述表格化於附錄：「表格 7　微軟/諾基亞案最高行政法院見解摘要」，讀者可搭配參考。

　　諾基亞公司上訴主張：1.公平會就未轉讓之智慧財產權權利行使設定負擔，惟行使該等智慧財產權時本應遵守公平法及其他法規，是否添加負擔結果並無差異。[175] 2.諾基亞公司擁有之專利並不因本結合而有所更易，故未增加其市場力量。此外，本結合案未生競爭重大限制，專利授權市場並非相關市場。[176]原決定書將「與智慧型行動裝置、智慧行動裝置作業系統相關之專利授權市場納入產品市場，實屬謬誤。[177] 3.公平法未規定出讓者未讓與之財產亦須納入結合審查，且外國法亦無該等作法。本件公平會將諾基亞公司未讓與之財產增添負擔，違反法律保留原則。[178] 4.本結合未改變標準必要專利市場結構、先前的標準必要專利授權條款亦未變更，無限制競爭可能。諾基亞公司未來標準必要專利授權行為僅為商業行為，與市場結構無關。原決定書更以專利授權市場為前提針對諾基亞公司標準必要專利授權方式為負擔，該負擔與決定書目的無正當關聯。[179] 5.原決定書負擔僅重申遵循 FRAND 承諾，

---

[175] 最高行政法院判決 105 年度判字第 403 號，頁 3。
[176] 最高行政法院判決 105 年度判字第 403 號，頁 3。
[177] 最高行政法院判決 105 年度判字第 403 號，頁 5。
[178] 最高行政法院判決 105 年度判字第 403 號，頁 3-4。
[179] 最高行政法院判決 105 年度判字第 403 號，頁 4-5。

不符公平法第 13 條第 2 項之規定，亦不符合行政程序法第 94 條不當連結禁止原則。公平會忽視有利諾基亞公司之事實，且未提出出讓者曾違反 FRAND 承諾限制競爭之證據，更基於主觀臆測認定該公司有不當提高授權金之可能，違反證據法則以及行政程序法第 36 條有利不利一併注意原則。[180] 6.中國大陸商務部之結合決定為原決定書作成後方公布，不得作為證明原決定書正當之依據。[181] 7.原決定書之附款係要求諾基亞公司「應為特定行為」為負擔，該公司自可單獨就負擔請求撤銷。

　　公平會答辯如下：1.公平交易法第 10 條第 1 項第 3 款之結合，參與結合事業包含「出讓事業」、「受讓事業」，再依公平法施行細則第 8 條第 1 項之規定，出讓與受讓事業皆有結合申報義務，故原決定書將諾基亞公司納入審查合法。[182] 2.公平會再次聲明諾基亞公司於結合後已不受到專利「交叉授權」之制衡，提升控制市場價格之能力，具備「結合特有」反競爭疑慮，故將「與智慧型行動裝置、智慧型行動裝置作業系統相關之專利授權市場」劃為相關市場，且添加負擔避免該公司操縱市場價格與公平法第 13 條之目的相符，實屬正當。[183] 3.原決定書負擔乃為避免諾基亞公司給予不當授權，阻礙智慧型行動裝置製造商自由選擇作業系統或傷害競爭能力；若未添加該等負

---

[180] 最高行政法院判決 105 年度判字第 403 號，頁 6。

[181] 最高行政法院判決 105 年度判字第 403 號，頁 6-7。

[182] 最高行政法院判決 105 年度判字第 403 號，頁 8。

[183] 最高行政法院判決 105 年度判字第 403 號，頁 9。

擔諾基亞公司可單方控制專利授權金，無法確保市場利益，故該負擔符合公平法第 13 條第 2 項之規定。[184] 5.原決定書負擔與決定書內容有「邏輯上不可分性」，不得單獨撤銷。[185]

最高行整理本件爭點如下：1.未讓與之財產是否屬結合審查範圍？讓與事業結合後未提升市場力量時是否為結合管制對象？2.南韓公平法主管機關就微軟諾基亞結合案並未作成負擔，原判決以南韓添加負擔為基礎認定原決定書負擔合法是否正當？3.原決定書之負擔可否單獨撤銷？4.原決定書作成後之事實、證據可否為法院可否考量？5.專利權人為 FRAND 承諾後，公平會是否有權將 FRAND 承諾添加為負擔？6.公平法第 13 條第 2 項未有明確標準，立法理由更未說明，是否須由法院造法明確其意涵。[186]

針對前述爭點，最高行判決如下：1.法院認為本結合交易標的包含有形與無形資產，故有形與無形資產對市場之影響均須考量。而對市場之影響，著重於結合方式，並非單純以專利權移轉為斷。若當事人以低於市場行情無限期授權專利，不為結合管制將無法維護市場有效競爭。本結合案諾基亞公司給予微軟公司之專利授權與其他競爭者不同，此之專利授權仍屬結合範圍。[187] 2.法院判決將自行研究、各家學說以及實務見解內化於判決中，僅需內容切

---

[184] 最高行政法院判決 105 年度判字第 403 號，頁 10。
[185] 最高行政法院判決 105 年度判字第 403 號，頁 11。
[186] 最高行政法院判決 105 年度判字第 403 號，頁 29-31。
[187] 最高行政法院判決 105 年度判字第 403 號，頁 32-33。

合爭議、合乎邏輯記且未逸脫爭點並載於判決理由中，即屬合法。再者，外國結合決定書是否添加負擔，與我國之結合決定書無關，我國公平會為維護國內市場為負擔自無援引外國決定書為據。此外，中國大陸針對本結合案為更嚴格附款，法院可否援引非無疑義。[188] 3.原決定書之附款為准許結合之前提，不附加附款通常不准許結合。於結合案對市場競爭是否有益尚有疑慮時，添加附款始能確保對整體經濟利益大於限制競爭之不利益。而結合案件是否需添加條件或負擔，屬於公平會之「裁量餘地」，除有明顯不當，法院予以尊重。[189]縱使顯有違法不當，「惟因其所附加之條件或負擔與其准許結合之處分互為條件」[190]，變更後是否仍給予結合許可，為公平會職權事項，不應由法院恣意決定。4.南韓對微軟、諾基亞公司之決定雖於原決定書後作成，該決定仍有添加負擔，再參酌中國大陸商務部之決定，可證成公平會於原決定書增添負擔並非我國單獨所有。此外，外國決定書並非用以決定原決定書合法性之依據，僅用以佐證原決定書與國際趨勢無違。[191] 5.法院認為標準必要專利權人向標準制定組織（SSO）作成之FRAND 承諾：「非針對事業結合所設計，且未明文禁止各國對標準必要專利權人附加條件或負擔。故公平會基於『維護我國國內市場競爭之責任』，仍可於結合案附加條

[188] 最高行政法院判決 105 年度判字第 403 號，頁 34。
[189] 最高行政法院判決 105 年度判字第 403 號，頁 36-37。
[190] 最高行政法院判決 105 年度判字第 403 號，頁 37。
[191] 最高行政法院判決 105 年度判字第 403 號，頁 37。

件與限制。」[192] 6.結合後，諾基亞公司退出智慧型行動裝置製造與銷售，主攻專利授權。然於諾基亞公司提供相對優惠的授權價格予微軟公司時，即使微軟公司之競爭者落入不利之地位。況我國廠商多以智慧型行動裝置硬體製造為業，專利授權為其製造不可或缺之部分，結合後微軟公司已毋庸與諾基亞公司於智慧型行動裝置競爭，對於我國廠商不利，故原決定書有其必要性。[193] 7.結合對於市場競爭之影響於審查時僅得以實證研究為預測，若研究方法符合科學根據，即可納為證據。公平會透過訪談，分析相關數據後作成附負擔之原決定書，已非單純臆測。前審判決中已詳述本結合對國內市場可能產生之影響，上訴人指摘違法不足採。[194] 8.公平會無法預測標準必要專利權人將如何授權其專利，但僅需維護我國市場公平競爭，有義務自行提出具體措施。於公平會無法具體舉證結合後標準必要專利權人將不當提高其標準必要專利授權金時，只要具有該等可能性存在，公平會就須提出防衛措施，以確保市場不被任意操縱。[195] 9.原決定書負擔雖未設有期限限制，基於專利權具有時效性，原處分附款於專利期間屆滿時自動解除，無違比例原則。[196] 10.對於公平法第 13 條第 2 項不明確之爭執，法院認為：

---

[192] 最高行政法院判決 105 年度判字第 403 號，頁 39。
[193] 最高行政法院判決 105 年度判字第 403 號，頁 40。
[194] 最高行政法院判決 105 年度判字第 403 號，頁 41。
[195] 最高行政法院判決 105 年度判字第 403 號，頁 42。
[196] 最高行政法院判決 105 年度判字第 403 號，頁 43。

> *「該項未明確規範乃立法者賦予主管機關之裁量餘*
> *地，主管機關得依據個案決定是否添加條件或負擔*
> *以及其範圍，法院僅得於具有裁量瑕疵時方得就適*
> *法性為判斷。」*[197]

　　綜上所述，最高行政法院認為公平會於原決定書所負擔添加之行為面措施有助於達成結合管制目的，故原決定書合法、維持訴願決定，判決駁回諾基亞公司之上訴。

第三節　微軟/諾基亞案重要的國外決定書

　　微軟/諾基亞案雖於美國提出申請，但美國僅於聯邦貿易委員會網站[198]與聯邦公報（Federal register）[199]簡單說明同意早期終止結合審查無條件通過，並未另行公告相關資訊，故後文將針對歐盟、中國大陸之微軟/諾基亞案決定書為分析。

第一項　歐盟微軟/諾基亞案決定書概述

　　本書此項將以歐盟執委會（EUROPEAN COMMISSION）

---

[197] 最高行政法院判決 105 年度判字第 403 號，頁 43。

[198] Federal Trade Commission, *supra note 112.*

[199] Federal Register/Vol. 78, No. 241/Monday, December 16, 2013/Notices, 76148.

微軟、諾基亞結合審查案決定書為重心，探討歐盟於本件
競爭法上所重視之處。本項之文字摘要於附錄：「表格 8
歐盟微軟/諾基亞結合決定書摘要」，讀者可搭配閱讀。

於相關產品市場分析，歐盟執委會首先針對行動裝置
為分析，其認為傳統手機與智慧型手機並非屬同一市場
[200]，平板電腦與智慧型手機雖於供給端（製造商）具有相
似性，但從需求端（消費者觀點），智慧型手機提供撥打
電話；平板電腦螢幕較大提供閱讀報紙、長時間觀看影片
之功能[201]，因而認定平板電腦與智慧型手機各自有其產品
市場。[202]在行動裝置作業系統產品市場部分，歐盟執委會
援引 Google/Motorola 案[203]，將行動裝置作業系統與傳統電
腦作業系統區別，並認為某種程度上智慧型手機作業系統
與平板電腦作業系統處於同一市場。[204]再者，市場調查上
顯示平板電腦作業系統與智慧型手機作業系統提供之功能
無顯著差異且目前如 Android 或 iOS 作業系統同時可使用
於平板電腦與智慧型手機，故歐盟執委會確立平板電腦作
業系統與智慧型手機作業系統為同一產品市場。[205]

在相關地理市場分析，歐盟執委會認為智慧型手機與
平板電腦區域間生產、運送成本無顯著差異可於全世界銷

---

[200] EUROPEAN COMMISSION, *supra note 10,* at Paragraph(18).

[201] EUROPEAN COMMISSION, *supra note 10,* at Paragraph(16).

[202] EUROPEAN COMMISSION, *supra note 10,* at Paragraph(19).

[203] EUROPEAN COMMISSION, Case No COMP/M.6381 - GOOGLE/
MOTOROLA MOBILITY, Commission decision of 4 December 2013.

[204] *Id.* at Paragraph29.

[205] EUROPEAN COMMISSION, *supra note 10,* at Paragraph(30).

售，且產品支援多頻段，在不同區域的通訊標準並不會構成產品進入阻礙，故認為智慧型行動裝置若不以全世界為範圍，至少須以歐盟市場為地理市場。[206]於智慧型手機、平板電腦作業系統部分，市場調查顯示全世界智慧型手機、平板電腦作業系統差異性不大且智慧型行動裝置製造商取得之授權多以全世界為範圍，故智慧型手機、平板電腦作業系統若不以全世界為地理範圍，至少應以歐盟市場作為範圍。[207]

　　歐盟執委會認為，交易雙方於平板電腦或智慧型手機研發、製造、銷售可能構成水平結合，但因微軟公司與諾基亞公司 2012 年在歐盟市場占有率並不超過 15%，因此結合並不會產生市場效果。此外，在平板電腦部分，微軟公司提供「Surface」平板電腦，其在歐盟以及全球市場市占率不到 5%，而諾基亞公司在 2013 年 10 月首次發表「Lumia2520」平板電腦，在 2013 年底前並無市占率。綜上所述，本結合案並不會產生因水平結合影響市場競爭的疑慮。[208]

　　歐盟執委會於後論述本結合案是否會構成非水平連結，其針對微軟公司可否透過行動裝置作業系統以及其應用程式或者授權通訊協定專利與否來排除競爭為論述。[209]根據非水平結合指引（Non-Horizontal Merger Guideline）：有

---

[206] EUROPEAN COMMISSION, *supra note 10,* at Paragraph(71).

[207] EUROPEAN COMMISSION, *supra note 10,* at Paragraph(75),(76).

[208] EUROPEAN COMMISSION, *supra note 10,* at Paragraph(88),(89).

[209] EUROPEAN COMMISSION, *supra note 10,* at Paragraph(92).

能力排除競爭者，必須在上游市場具有強大市場力量。若
下游市場存在成本未上升之有力的競爭者，可讓結合當事
人於結合後仍受其制約，使市場價格不超過結合前標準。
在非水平結合，若結合後新主體之市場占有率低於 30%，
並不會產生損害競爭的疑慮。[210]

於本結合案，微軟公司僅取得製造智慧型行動裝置的
非標準必要專利（多為設計專利），除此之外並無提升該
公司於專利市場的市場占有率。相反的，微軟公司因受讓
諾基亞公司的智慧型行動裝置製造部門，於原有專利授權
到期時，該公司須與第三方重新議約，此時無法以諾基亞
公司所有的標準必要專利作為談判籌碼取得專利授權，更
有利市場競爭。基於前述理由，結合後可能提升微軟公司
於智慧型行動裝置非標準必要專利市場占有率之主張不足
採。[211]

歐盟執委會於決定書中特別提到諾基亞公司於本件結
合後關於其專利可能採取之行為，並針對諾基亞公司「標
準必要專利」與「非標準必要專利」各別分析。

市場調查顯示專利實施者憂心本結合後，因諾基亞公
司不製造行動裝置，消除因專利交叉授權所受到的約束，
未來在專利授權的市場力量會增大（不僅限於標準必要專
利）。專利實施者並認為，歐盟結合法規亦允許歐盟執委
會接受結合讓與者的承諾，理由為市場結構性變動與讓與

---

[210] EUROPEAN COMMISSION, *supra note 10,* at Paragraph(93).

[211] EUROPEAN COMMISSION, *supra note 10,* at Paragraph(94).

者移轉之動機、市場地位有因果關係。[212]

　　歐盟執委會先探討本結合案出售者諾基亞公司是否落入結合法規（Merger Regulation）適用範圍，該委員會依據下述理由最終認定諾基亞公司於本結合案不適用該法規。首先，根據歐盟合併管轄權通知（Commission Consolidated Jurisdictional Notice）第（136）段：

> 「*結合對市場的影響取決於結合標的金融、經濟上資源組合後所生之效果，並不包含讓與方結合後的剩餘業務。此種情形下，結合審查之範圍僅限於受讓方以及出讓方所讓與之部分，出讓方其餘業務將不受審查*」[213]

　　再者，結合法規第 6 條（2）中亦明文：「*僅有受讓人以及結合標的可以提出承諾，以避免嚴重影響市場競爭*」。故為維持承諾之條件、義務以及懲罰也只能適用於前述範圍之內，並不包含第三人或銷售者。[214]

　　雖然歐盟執委會認為：本結合案諾基亞公司結合後的行為不屬於結合規則管制對象，縱使認為有結合規則的適用，該委員會仍認為諾基亞公司結合後的行為仍不會使內部市場產生嚴重的相容性問題。[215]其特別提及諾基亞公司

---

[212] EUROPEAN COMMISSION, *supra note 10*, at Paragraph(199).

[213] Commission Consolidated Jurisdictional Notice under Council Regulation (EC) No 139/2004 on the control of concentrations between undertakings Paragraph(136) (2008).

[214] EUROPEAN COMMISSION, *supra note 10*, at Paragraph(228).

[215] EUROPEAN COMMISSION, *supra note 10*, at Paragraph(238).

於結合後實施標準必要專利的能力，該委員會認為諾基亞公司有能力實施標準必要專利並非結合後所生的效果，而是結合前就已存在。再者，市場參與者多半已取得諾基亞公司行動裝置標準必要專利之授權，且在 2015 年之前授權契約將屆滿者為數不多。此外，諾基亞公司授權標準必要專利亦要受到 FRAND 承諾約束，由於諾基亞公司並未移轉標準必要專利權，該承諾仍有效力。[216]

歐盟執委會接續說明諾基亞公司是否有動機在結合後實施其標準必要專利，並認為基於下述理由結合後對市場的影響仍有限：

第一，結合後諾基亞公司仍是強大的商業公司，持續提供通訊基礎建設服務、數位地圖資料庫授權。第二，諾基亞公司仍持續投入創新研發以取得專利。是以，該公司並未轉變為專利實施體。[217]第三，對於已作出 FRAND 承諾的標準必要專利，歐盟相關法規亦有強制授權、禁制令適用限縮等規定，更可避免諾基亞公司於結合後濫用其標準必要專利。[218]第四，本結合案移轉標的並不存在任何標準必要專利，更如同諾基亞公司主張其不生產智慧型行動裝置後，將以平臺中立原則授權其標準必要專利，並沒有吸引特定智慧型手機製造商或行動裝置作業系統的動機。[219]

---

[216] EUROPEAN COMMISSION, *supra note 10*, at Paragraph(244)-(251).

[217] EUROPEAN COMMISSION, *supra note 10*, at Paragraph(253),(254).

[218] EUROPEAN COMMISSION, *supra note 10*, at Paragraph(255).

[219] EUROPEAN COMMISSION, *supra note 10*, at Paragraph(257).

關於諾基亞公司於結合後非標準專利實施的部分，歐盟執委會認為一方面認為非標準必要專利範圍過廣，另一方面並無證據顯示該公司的非標準必要專利為製造商生產於市場具競爭力產品所不可缺少[220]；其次，諾基亞公司從過往至今皆有依據其非標準必要專利主張侵權，並非結合後開始；第三，諾基亞公司在結合後有意願擴張其非標準必要專利授權計畫，對市場競爭有益[221]；最後，微軟公司向歐盟執委會確認結合雙方當事人並沒有針對諾基亞公司非標準必要專利於結合後的行為存在任何協議。[222]基於前述理由，歐盟執委作成對於市場影響有限的判斷。

最終，歐盟執委會無條件通過微軟公司與諾基亞公司的結合申報。

第二項　中國大陸微軟/諾基亞案決定書概述

本書此項將以中華人民共和國商務部（下稱中國大陸商務部）「商務部公告 2014 年第 24 號」為基礎，分析中國大陸競爭法執法機關對於微軟、諾基亞結合審查的分析重點。[223]本項之論述簡化於附錄：「表格 9　中國大陸微軟/諾基亞結合決定書摘要」，讀者可搭配參考。

---

[220] EUROPEAN COMMISSION, *supra note 10*, at Paragraph(260).

[221] EUROPEAN COMMISSION, *supra note 10*, at Paragraph(262).

[222] EUROPEAN COMMISSION, *supra note 10*, at Paragraph(263).

[223] 中華人民共和國商務部 2014 年第 24 號關於附加限制性條件批准微軟收購諾基亞設備和服務業務案經營者集中反壟斷審查決定的公告。

　　中國大陸商務部首先說明：微軟公司營業重點為「開發、生產、授權電腦軟體或消費性電子產品」；諾基亞公司為「通訊、訊息技術公司，主要業務項目為網路基礎設施、手機、網路地圖以及導航」。進一步，中國大陸商務部特定本次結合之移轉標的為諾基亞公司的「設備與服務部門之硬體與資產」。[224]

　　中國大陸商務部強調微軟公司與諾基亞公司簽署「股票及資產購買協議」之內容包含：

> 「*微軟公司收購諾基亞公司『所有』設備和服務業務，而諾基亞公司保留『所有』通訊以及手機相關專利。*」[225]

　　是以，結合後將使微軟公司取得諾基亞公司在中國、韓國、芬蘭等國家的手機製造工廠，諾基亞公司將退出手機製造市場。

　　於市場劃分部分，中國大陸商務部認定本件涉及之相關市場有三：其一為智慧型手機市場，決定書中明文此部分市場並不包含平板電腦，理由為智慧型手機與平板電腦對於消費者在使用上之需求替代性不足。其二為智慧型手機作業系統市場，此部分係指蘋果 iOS 系統、Google Android 系統、微軟 Windows Phone 系統等供智慧型手機運

---

[224] 中華人民共和國商務部 2014 年第 24 號關於附加限制性條件批准微軟收購諾基亞設備和服務業務案經營者集中反壟斷審查決定的公告。

[225] 中華人民共和國商務部 2014 年第 24 號關於附加限制性條件批准微軟收購諾基亞設備和服務業務案經營者集中反壟斷審查決定的公告。

作的「作業系統市場」。其三為智慧型行動裝置專利授權市場，於本件中國大陸商務部更將此市場細分為「通訊技術標準必要專利授權市場」、「微軟 Android 專利項目授權市場」。於通訊技術標準必要專利市場，雖然可再依據不同標準而再細分，但因不影響本件審查結果，中國大陸商務部劃定本件市場為通訊技術標準必要專利「整體」市場，不僅限於 2G、3G 或 4G 標準內。關於微軟 Android 專利項目授權市場部分，主要包含 Android 作業系統內使用的微軟專利以及與 WiFi、3G、4G 有關的專利技術，但此等技術大多數非標準必要專利。原則上非標準必要專利並不會產生市場進入障礙，但中國大陸商務部特別強調，若非標準必要專利已經成為「*特定產品或服務於技術上或商業上不可缺少且市場上不具備有效替代之方案*」[226]，此時專利權人仍可能以該非標準必要專利產生市場進入障礙或從事獨占力濫用行為的基礎。地理市場部分，中國大陸商務部將審查範圍限於中國大陸境內。

　　立於前述基礎之上，中國大陸商務部進一步為競爭分析。首先認定微軟公司 Windows Phone 智慧型手機作業系統因僅於中國大陸市場上占 1.2%，而諾基亞公司之智慧型手機於中國大陸市場僅占 3.7%，且有來自其他手機生產者以及 iOS、Android 作業系統的競爭，該二公司在智慧型手機市場、智慧型手機作業系統市場並沒有獨占地位，其論據如下：

---

[226] 中華人民共和國商務部 2014 年第 24 號關於附加限制性條件批准微軟收購諾基亞設備和服務業務案經營者集中反壟斷審查決定的公告。

「*微軟難於 Windows Phone 作業系統以透過拒絕授權或提高授權費、提供歧視性授權達成市場封鎖效果；微軟也難以透過諾基亞公司之智慧型手機對作業系統開發商為用戶封鎖。*」[227]

故認定微軟公司作業系統與諾基亞公司智慧型手機之縱向關聯難以消滅、限制競爭。

第二，中國大陸商務部認定微軟公司可能會以 Android 專利項目授權消滅、限制中國大陸智慧型手機市場競爭。其論述微軟公司運用於 Android 作業系統之專利包含標準必要專利與非標準必要專利，而微軟將此二類型專利包裹式授權，而微軟的 Android 專利項目因已成為 Android 作業系統手機技術上不可缺少的部分，且現行技術上難以迴避，故微軟公司有能力以 Android 專利項目授權與否控制下游智慧型手機市場競爭。此外，結合後微軟公司不需依賴手機製造商即可自行生產智慧型手機，基於提高 Windows Phone 作業系統市場占有率之目的，微軟公司有動機以調升專利授權費為手段影響 Android 手機製造成本，且中國大陸境內之手機製造商 90%以上不具備與微軟公司為專利交叉授權之能力。若微軟公司提高專利授權金，該等公司無法為有效之抗衡。再者，於智慧型手機行業技術因需巨額投資且技術複雜，欠缺專利將導致進入市場困難，甚至導致事實上無法進入市場，是以專利為進入

---

[227] 中華人民共和國商務部 2014 年第 24 號關於附加限制性條件批准微軟收購諾基亞設備和服務業務案經營者集中反壟斷審查決定的公告。

市場的主要障礙。更有甚者，中國大陸為手機生產、消費主要市場，中國大陸商務部認為：

> 「*微軟公司拒絕授權將會使市場結構扭曲而消滅或限制智慧型手機市場競爭、提高授權費將會影響相關產業研發投資以及永續性發展，使智慧型手機製造商退出市場或提高智慧型手機售價。*」[228]

進而產生消滅、限制市場競爭以及損害消費者福利之效果。

第三，中國大陸商務部認為本結合後諾基亞公司因退出智慧型手機製造工業但仍保留與通訊、智慧型手機相關之專利，基於後述理由，有透過專利授權影響市場之疑慮：1.諾基亞公司擁有數千項智慧型手機製造商不可缺少之通訊技術標準必要專利，因此諾基亞公司對於智慧型手機相關市場有控制能力。2.結合後諾基亞公司退出智慧型手機製造市場而無需與其他專利權人成立交叉授權協議，轉向以收取相關專利授權金為主要營利來源，此時若諾基亞公司提高或收取過高授權金，其他專利權人無法以交叉授權談判為手段與之抗衡，喪失有效抗衡地位。3.濫用專利、拒絕授權或提高專利授權金以及給予歧視性授權條件，將會使智慧型手機市場進入門檻大幅提高，甚至事實上將競爭者排除在市場之外。[229]

[228] 中華人民共和國商務部 2014 年第 24 號關於附加限制性條件批准微軟收購諾基亞設備和服務業務案經營者集中反壟斷審查決定的公告。

[229] 中華人民共和國商務部 2014 年第 24 號關於附加限制性條件批准微軟

最後，為避免對於中國大陸智慧型手機市場產生消滅、限制競爭效果，中國大陸商務部針對微軟公司、諾基亞公司，分別「附加限制性條件」通過本件結合申請。除非微軟公司不再控制諾基亞公司轉讓的設備、服務業務，該公司於結合決定作成後 8 年內（到 2022 年 4 月 8 日）須承擔以下義務：

> 「*對於微軟公司已經向標準制定組織作出 FRAND 承諾的相關標準必要專利，仍須持須遵守 FRAND 承諾；於專利侵權訴訟時，不得對中國大陸境內智慧型手機製造商聲請禁制令；授權標準必要專利時，不得要求被授權人授權其專利給微軟公司；微軟未來轉讓標準必要專利時，受讓人必須同意前述條件，微軟公司方得轉讓。*」[230]

> 「*對於微軟公司在 Android 作業系統的非標準必要專利，結合後微軟公司必須依照現行授權條件，向中國大陸境內智慧型手機製造商提供非排他性授權，該授權範圍包含中國大陸境內製造、使用或銷售的智慧型手機；繼續提供授權時，專利授權金不得高於結合前之費率或不得高於現行費率；微軟於決定作成 5 年內，不得將特定的非標準必要專利轉讓給他人，而於 5 年後，僅得轉讓給同意前述條件*

收購諾基亞設備和服務業務案經營者集中反壟斷審查決定的公告。

[230] 中華人民共和國商務部 2014 年第 24 號關於附加限制性條件批准微軟收購諾基亞設備和服務業務案經營者集中反壟斷審查決定的公告。

者。」[231]

　　而中國大陸商務部對諾基亞公司所附加之條件節錄如下：

> 「對於已經作出 FRAND 承諾的標準必要專利，諾基亞公司必須持續遵守 FRAND 承諾授權標準必要專利；除非有證據證明諾基亞公司已提供符合 FRAND 承諾的授權條件而使用專利之人無意願簽署授權協議時，否則於標準必要專利授權條款紛爭，諾基亞公司不得聲請禁制令；授權標準必要專利時不得以取得其他未為 FRAND 承諾的專利授權為前提；未來諾基亞公司移轉標準必要專利時，必須要求受讓人同意履行 FRAND 承諾時方得移轉。」[232]

> 「諾基亞公司必須於每年結束 45 日內向中國大陸商務部提交報告，內容包含：諾基亞公司對於標準必要專利聲請停止實施專利禁制令的案例、轉讓標準必要專利之案例、解釋該公司如何遵守前述條件。此項報告義務持續 5 年，到 2019 年 4 月 8 日終止。」[233]

---

[231] 中華人民共和國商務部 2014 年第 24 號關於附加限制性條件批准微軟收購諾基亞設備和服務業務案經營者集中反壟斷審查決定的公告。

[232] 中華人民共和國商務部 2014 年第 24 號關於附加限制性條件批准微軟收購諾基亞設備和服務業務案經營者集中反壟斷審查決定的公告。

[233] 中華人民共和國商務部 2014 年第 24 號關於附加限制性條件批准微軟收購諾基亞設備和服務業務案經營者集中反壟斷審查決定的公告。

綜上所述，中國大陸商務部有條件通過微軟、諾基亞公司結合申報案，附帶的條件目的為保障中國大陸境內智慧型手機製造商於結合後，仍可於智慧型手機市場為有效競爭並使消費者可享有更低智慧型手機價格之利益。

第四節　經濟分析於微軟/諾基亞案之應用

結合案之經濟分析，著重於結合後如何確保對整體經濟利益大於限制競爭之不利益，故後文將以我國公平會、臺北高等行政法院、最高行政法院於微軟/諾基亞案中如何判斷公平法第 13 條之「整體經濟利益大於限制競爭之不利益」要件為基礎，其後探索歐盟、中國大陸於該案中對於該要件之判斷，試圖尋找出本結合案的經濟分析脈絡。

第一項　公平會之經濟分析

於本結合案，公平會因定性為垂直結合，故限制競爭不利益之判斷著眼於結合後是否產生「市場封鎖效果」，審酌微軟公司、諾基亞公司結合後，上下游競爭者是否因無法取得專利授權或通路的限制競爭不利益。[234]

公平會認為結合後可能產生的缺點包含：[235]

---

[234] 公平交易委員會結合案件決定書公結字第 103001 號，頁 5。
[235] 公平交易委員會結合案件決定書公結字第 103001 號，頁 5-9。

1.使微軟公司具備誘因以 Windows Phone 作業系統授權與否、差別待遇授權限制下游廠商或影響上游競爭者取得通路，產生限制競爭效果。（例如拒絕授權、提高授權金阻礙其他行動裝置製造商與微軟自行生產的行動裝置競爭）

2.使微軟公司具備誘因提高 Android 作業系統相關專利授權金，墊高使用 Android 作業系統之行動裝置生產成本，一方面產生終端產品價格上升之結果，不利消費者福利；另一方面，以此為手段迫使行動裝置製造商改用 Windows Phone 作業系統。

3.使微軟公司具備誘因針對 EAS 協定相關專利提高授權金或拒絕授權，限制其他行動裝置製造商產品與 EAS 協定整合之效果，削弱該等產品之競爭力。

4.諾基亞公司結合後轉為以授權專利為主要營業，不自行生產行動裝置，可能提高標準必要專利授權金，產生提升行動裝置生產成本、終端售價之不利益。

公平會認為結合後可能產生的優點包含：[236]

1.結合後提升 Windows Phone 作業系統市占率，可促進行動裝置作業系統間之競爭，破除目前由 iOS、Android 作業系統兩強分立之局面。

2.結合後微軟公司取得硬體設計、製造以及銷售通路之能力，可生整合行動裝置軟硬體設計、加速創新、改善成本、品牌行銷等綜效，透過產生降低產品價格、提升品

---

[236] 公平交易委員會結合案件決定書公結字第 103001 號，頁 9。

質、增加產出之效果,使消費者受益。

公平會衡酌因素:[237]

1.微軟公司 Windows Phone 作業系統之市占率。

2.Windows Phone、Android、iOS 作業系統中應用程式的數量。

3.微軟公司 EAS 協定專利授權條件、專利授權簽署方式、是否有其他類似功能通訊協定存在。

4.諾基亞公司結合後授權其專利不受到專利交叉授權制衡。

以前述衡量因素斟酌利弊得失後,公平會雖認為微軟公司有以「提高 Android 作業系統專利授權金」;諾基亞公司有「改變標準必要專利授權政策(如提高授權金)」之手段限制競爭,但衡量行動裝置作業系統之市占率、作業系統應用程式之數量、專利授權策略等後手段後,認定整體經濟效益大於限制競爭之不利益,作成附負擔不予禁止結合之決定書。

因行政院訴願會於訴願決定中全面採取公平會之見解與前述分析手段無顯著差異,故本書不另行針對本結合案訴願決定書為經濟分析,下文將著重於本結合案法院所採取之經濟分析手段。

---

[237] 公平交易委員會結合案件決定書公結字第 103001 號,頁 5-9。

第二項　臺北高等行政法院之經濟分析

　　臺北高等行政法院認為結合後可能產生之缺點如下：[238]

　　1.微軟公司擁有行動裝置製造部門，可透過提高 Android 作業系統授權金之手段，促使行動裝置製造商改用 Windows Phone 作業系統，同時使 Android 作業系統行動裝置之市場終端價格上升。

　　2.諾基亞公司不再自行生產行動裝置，改變專利授權市場平衡，可能提高專利授權金，使行動裝置生產成本、終端售價上升。

　　臺北高等行政法院認為結合後可能產生之優點如下：[239]

　　1.垂直結合可使價格降低、產量增加。

　　2.結合後 Windows Phone 作業系統市占率提升，可促進行動裝置作業系統市場的競爭。

　　臺北高等行政法院所採取之衡量手段如下：

　　1.分析 Windows Phone 作業系統之全球市占率、應用軟體數量以及與 Android、iOS 作業系統比較之情形。

　　以前述衡量手段判斷後，臺北高等行政法院認為結合後微軟公司 Windows Phone 市占率上升後可以促進行動裝置作業系統間競爭，未明顯改變市場結構，亦未減損市場競爭。然而，針對微軟公司是否會提高 Android 相關專利授權金以及諾基亞公司會提高相關專利授權金之部分，法

---

[238] 臺北高等行政法院判決 103 年度訴字第 1858 號，頁 28-30。
[239] 臺北高等行政法院判決 103 年度訴字第 1858 號，頁 28-30。

院僅斷言公平會採取該手段可以有效避免限制競爭，有淪為自說自話之疑慮。

第三項　最高行政法院之經濟分析

最高行政法院認為結合後，諾基亞公司退出行動裝置製造與銷售，以授權專利為主要營業，同時微軟公司取得較其他製造商優惠的專利授權條件。再者，我國廠商主要為行動裝置製造商，前述行為使得微軟公司毋庸與我國廠商於專利授權市場競爭，對於市場競爭可能有損害，是以公平會為確保我國廠商不受到前述不利益，將 FRAND 承諾納入結合負擔合法。[240]

第四項　歐盟之經濟分析

歐盟執委會經濟分析著重於：是否構成水平結合限制競爭效果、是否會產生非水平連結、結合後微軟公司、諾基亞公司可否透過專利授權限制市場競爭。

根據非水平結合指引，歐盟執委會認為本結合案微軟公司與諾基亞公司相關市場占有率不達 30%，不會產生水平結合、非水平結合限制競爭疑慮。

歐盟認為本結合案未包含任何標準必要專利，故標準必要專利非屬結合管制對象。縱使諾基亞公司結合後授權

---

[240] 最高行政法院判決 105 年度判字第 403 號，頁 40。

其標準必要專利違反 FRAND 承諾，仍可依據現有競爭法規範為處分，不需於結合時特別處理。而非標準必要專利權利行使本為專利權人之契約自由，且專利權利行使亦非結合特有，故判斷對市場競爭影響有限。

如前所述，歐盟採取市場占有率、專利授權政策之面向為經濟分析。

第五項　中國大陸之經濟分析

微軟諾基亞案中國大陸商務部於結合決定書中強調經濟分析之範圍包含：

1.微軟公司 Windows Phone 作業系統、行動裝置相關專利與諾基亞公司行動裝置業務間之關聯。

2.結合後諾基亞公司標準必要專利權利濫用對中國大陸行動裝置之影響。

針對微軟公司之分析如下：

1.中國大陸商務部分析行動裝置作業系統之全球市占率以及於中國大陸之市占率、作業系統中應用程式數量及使用者評價，認定微軟公司結合後難以「專利授權」為手段，封鎖行動裝置作業系統市場。

2.中國大陸商務部分析行動裝置產量以及專利是否為市場進入主要障礙，加以說明微軟結合後拒絕授權將扭曲市場結構、限制中國大陸行動裝置市場競爭。

3.透過市場調查，說明中國大陸行動裝置平均利潤率低，專利授權金提高將使行動裝置生產成本、產品終端價

格提升，損害市場競爭與消費者福利。

針對諾基亞公司之分析如下：

首先說明標準必要專利之存在減少技術內競爭，且諾基亞公司所享有之標準必要專利具備市場控制力。基於標準必要專利是進入市場之門檻、中國大陸行動裝置平均利潤率低之見解，若提升專利授權金將使行動裝置製造成本、終端售價提升，不利市場競爭與效費者福利。

綜觀中國大陸商務部結合決定書之競爭分析[241]，可得知中國大陸商務部經濟分析著重於對於市場競爭之損害，並未說明結合後對市場會產生之利益。

第六項　微軟/諾基亞案經濟分析小結

觀諸我國公平會、臺北高等行政法院、最高行政法院以及歐盟、中國大陸競爭法執法機構於本結合案之競爭分析，可得知競爭分析重點為「結合標的於其市場中之占有率」。若與專利相關者，專利授權條款對於市場之影響亦為經濟分析之重點。此外，各國於結合涉及專利之經濟分析時，該國之產業政策、供應鏈地位同為審查重點，如我國與中國大陸皆處於專利實施者（被授權人）之地位，對於經濟分析之態度處於較保護專利實施者一方，特別重視結合後對於製造商之保護；而歐盟、美國多為專利權人一

---

[241] 中華人民共和國國家發展和改革委員會行政處罰決定書發改辦價監處罰[2015]1號。

方，其經濟分析多重視對於技術研發者（專利權人）之保
護。現階段我國於資通訊產業多仍以代工業為主，故公平
會、法院於微軟/諾基亞案採取保護我國行動裝置製造商之
見解有其理由，但我國已朝向技術開發者發展，未來公平
會於涉及專利結合審查之經濟分析時，是否仍須採取此種
態度，須於具體個案中分析我國產業政策、產業發展情形
而定。

第五節　我國微軟/諾基亞案相關決定書、判決可再思索之問題

　　概述完畢微軟/諾基亞案於我國以及外國之發展後，下
文提出作者閱讀公平會決定書、臺北高等行政法院判決、
最高行政法院判決後，建議可再思索之問題。

第一項　公平會結合案件決定書

第一目　公平會對於「全部或主要部分之營業或財產」之論述

　　相關事業是否須為申報，必須符合公平法「結合」之
定義。原決定書中，公平會援引公平法第 10 條第 1 項第 3
款，直接認定微軟公司受讓諾基亞公司之「行動電話與智
慧型裝置事業單位及設計團隊」，屬於受讓或承租他事業

主要部分之營業或財產。[242]其決定書理由中並未說明如何
採用質與量分析說判斷交易標的為「全部或主要部分」，
亦未說明本結合案包含何等「營業或財產」，決定書之論
據可再詳加說明。

第二目　公平會對「相關市場」、「市場占有率」之判斷

　　縱認本結合案為公平法之結合，公平會於決定書中援
引公平法第 11 條第 1 項第 2 款「參與結合事業之一市場占
有率達四分之一」將微軟公司納入結合審查之部分，決定
書之依據為「微軟公司 Windows 作業系統在我國個人電腦
之市占率」[243]，縱不爭執該作業系統之市占率，爭議在於
Windows 作業系統為「電腦」作業系統，而與本結合案相
關之「Windows Phone」作業系統為行動裝置作業系統，兩
者分屬不同市場且功能具顯著差異，公平會於市場劃分亦
具爭議性。

　　退步言之，縱使公平會欲將行動裝置作業系統與電腦
作業系統劃分為相同之「作業系統市場」，公平會仍未詳
細說明本結合案結合標的於「作業系統市場」之市場占有
率，未來作成決定時可更加注意。

第三目　公平會對「前一會計年度銷售金額」之認定

　　決定書中公平會說明微軟公司、諾基亞公司符合公平
法第 11 條第 1 項第 3 款，「前一會計年度於我國銷售金

---

[242] 公平交易委員會結合案件決定書公結字第 103001 號，頁 2。
[243] 公平交易委員會結合案件決定書公結字第 103001 號，頁 2。

額」達結合申報門檻。[244]惟綜觀該決定書，公平會未明示
其所指者為何等產品或服務之銷售金額、該等銷售金額如
何適用「事業結合應向公平交易委員會提出申報之銷售金
額標準及計算方法」計算，得出具體計算成果屬於前述計
算方法第 1 條第 1 款之「*參與結合之所有事業，其上一會*
計年度全球銷售金額總計超過新臺幣四百億元，且至少二
事業，其個別上一會計年度國內銷售金額超過新臺幣二十
億元。」或第 3 款之「*參與結合之事業為金融機構事業，*
其上一會計年度國內銷售金額超過新臺幣三百億元，且與
其結合之事業，其上一會計年度國內銷售金額超過新臺幣
二十億元者。」況且，本結合案並非諾基亞公司整體併入
微軟公司，僅涉及行動裝置製造行銷相關部門，銷售金額
計算亦只能計入行動裝置銷售相關之部分。本結合案銷售
金額之判斷為使否須為結合審查之前提，公平會未詳細論
述，實屬可惜。

第四目　公平會將「諾基亞公司納入結合審查」之論述

　　結合決定書中，公平會援引公平法第 11 條第 1 項第 3
款、公平交易法施行細則第 8 條第 1 項第 2 款，即稱「讓
與事業為參與結合事業」，逕行認定諾基亞公司屬於參與
結合事業而納入結合審查範圍。[245]惟參酌「公平交易法施
行細則」第 8 條第 1 項第 2 款，參與結合事業包含「與他
事業合併、受讓或承租他事業營業或財產」者，此款限於

---

[244] 公平交易委員會結合案件決定書公結字第 103001 號，頁 2。
[245] 公平交易委員會結合案件決定書公結字第 103001 號，頁 8。

受讓或承租，解釋上限於結合標的之受讓者或承租人。本件諾基亞公司為結合標的出讓人與專利授權人，縱使將專利授權解釋為出租，亦僅為出租人，如何透過本款將諾基亞公司解釋為參與結合事業？縱將諾基亞公司解釋為「與他事業合併」亦不合理，因本結合案諾基亞公司結合後除收取相關權利金以及取得對價外，僅單純喪失製造行動裝置之能力，並無任何公司合併情形。公平會依前述條文斷然將諾基亞公司解釋為參與結合事業並納入結合審查範圍，論理上需更細緻化，否則可能具違反法律保留原則之疑慮，建議更加注意。

第五目　公平會「FRAND 承諾納入附款」之意義

公平會原決定書對諾基亞公司添加 FRAND 承諾負擔，僅以諾基亞公司結合後可能對標準必要專利提高授權金，增加行動裝置生產成本與終端售價為由，直接將 FRAND 承諾納入結合決定書負擔，建議證據、理論上需更加充足，方能降低爭議性。

再者，公平會本身並未對 FRAND 承諾之意義為解釋，且未要求諾基亞公司針對標準必要專利授權一定期間提出相關報告，公平會缺少結合後監督諾基亞公司是否履行 FRAND 承諾之有力資訊。

最後，原決定書未說明若違反 FRAND 承諾將對結合決定產生何等效果，使 FRAND 承諾負擔添加意義可能不明。依此見解，若本結合案之 FRAND 承諾淪為道德勸說不具任何拘束效果，可不將 FRAND 承諾納入負擔，可消除

FRAND 承諾納入附款所生之爭議，降低結合決定書之爭議
性。

第二項　行政院訴願決定書

　　行政訴願決定可能具下述之爭議：[246]其一、行政院訴
願會全面採取公平會之抗辯，理由部分可能需更加詳細。
其二、行政院訴願會認為讓與事業因結合而對市場競爭活
動之誘因或能力有所改變，故屬於結合審查對象，將該事
業視為結合參與事業之法律上依據可能需更清楚釐清。其
三、訴願程序中公平會抗辯「微軟公司可能對 Android 作
業系統、EAS 協定相關專利提高授權金」之部分，援引中
國大陸商務部對於本結合案之決定為依據，行政院訴願肯
認該抗辯，但中國大陸商務部之決定書晚於公平會之決定
書作成，以較晚之證據證明較先作成決定之正當性，此部
份可再斟酌。其四、公平會與行政院訴願會認為 FRAND 承
諾之義務可簡單透過標準必要專利之移轉或讓與迴避，可
能誤解 FRAND 承諾拘束效力。其五、原決定書與訴願決定
中皆未詳細說明公平會所認定之 FRAND 標準，依據最高行
政法院下列判決見解，可能具危險性：

　　　　「*負擔內容不明確，縱使行政處分相對人可自行體*
　　　　悟實踐該負擔，亦無法確知其行為是否符合處分機

---

[246] 行政院決定書院臺訴字 1030148908 號。

*關之要求，使行政處分處於隨時可能被廢止之狀
態。」* [247]

若公平會對於 FRAND 承諾之意義未詳細說明，添加附
款後，可能使諾基亞公司、我國智慧型裝置製造商難以具
體作成符合 FRAND 承諾之授權，使該結合決定處於可能被
廢止之情形，對於法安定性、市場穩定可能有所影響。

第三項　臺北高等行政法院判決

與專利相關結合案件訴訟管轄部分，有學者主張基於
智慧財產案件審理法第 31 條第 1 項之規定，本結合案屬於
「公平交易法涉及智慧財產權所生之第一審行政訴訟」，
且觀諸過往飛利浦光碟案、晚近高通案皆由智慧財產法院
審理以及該法院為智慧財產專業法院、穩固法律見解之面
向，縱使前述規範並非專屬管轄，未來此等案件應交由智
慧財產法院審理。[248]本書同此見解，認為本結合案第一審
應由智慧財產法院管轄，程序面可減少事業對於管轄權之
爭議，實體面確保未來法院對於標準必要專利、FRAND 承
諾之解釋具備一致性，避免判決見解歧異而生更多訴訟。

臺北高等行政法院（下稱北高行）援引公平法第 10 條
第 1 項第 3 款，即認定參與結合事業包含「受讓事業」、

---

[247] 最高行政法院 102 年判字第 256 號行政判決，頁 20。

[248] 莊弘鈺（2019），〈事業結合管制之專利權考量——最高行政法院 105
判 403 號判決評析〉，《臺灣法學雜誌》，380 期，頁 140。

「讓與事業」，並說明該條之「主要部分營業或財產」僅
用以認定是否屬於結合，並非用以解釋結合審查對象。[249]
確實公平法第 10 條第 1 項之規範僅為確認何謂結合，該條
中並無參與結合事業之用字，法院何以解釋出參與結合事
業包含受讓事業與讓與事業，可能產生法律適用錯誤之爭
議。

　　北高行更認為計算銷售金額時，不區分「讓與」與
「未讓與」財產所生之銷售金額。[250]換而言之，審理本結
合時須納入微軟 Office 文書軟體之銷售金額為銷售金額認
定，文書軟體與行動裝置標準必要專利、行動裝置市場關
聯性可再深論，而本結合案並非諾基亞公司全部被合併入
微軟公司中，結合標的所影響之市場並非諾基亞公司、微
軟公司之全部銷售產品，此時不區分讓與、未讓與財產之
銷售金額一併納入結合審查基礎計算範圍，可能過度擴張
公平會之結合審查權限，進而影響相關公司之營業自由，
不可不慎。

第四項　最高行政法院判決

　　最高行政法院（下稱最高行）認為諾基亞公司上訴的
爭點為「未讓與事業之財產是否為結合審查範圍、原判決
對於諾基亞公司未讓與之標準必要專利進行審查，並肯認

---

[249] 臺北高等行政法院判決 103 年度訴字第 1858 號，頁 33。
[250] 臺北高等行政法院判決 103 年度訴字第 1858 號，頁 33。

原決定書附款之正當性是否合法？原決定書負擔可否獨立於決定書本文單獨撤銷？」[251]

諾基亞公司是否須納入審查之部分，最高行判決主張：結合對市場之影響，以「結合方式」為審查重點，並非以「資產之讓與或移轉」為結合審查範圍判定標準。諾基亞公司縱使未讓與其專利權，低於市場競爭價格之無限期授權若不審查仍可能有礙市場競爭，更何況微軟公司取得之授權條件較其餘競爭者更優惠，故應將諾基亞公司未移轉之專利納入結合審查範圍。[252]如前所述，最高行未仔細說明「讓與事業」納入結合審查範圍之法律上依據所在，亦未對本結合案諾基亞公司之銷售額或市場占有率為論述。其次，最高行僅概括說明微軟公司取得之專利授權條款較為優惠，並未針對授權條款所涉及者為標準必要專利或非標準必要專利區分處理。此外，諾基亞公司授權予微軟公司之相關專利，是否為諾基亞公司所有之標準必要專利？若非諾基亞公司之全部標準必要專利，前述論據可能不足以將諾基亞公司全體標準必要專利納入審查，對全部標準必要專利添加 FRAND 授權負擔可能具爭議性。再者，最高行以專利授權可能影響市場競爭為基礎將諾基亞公司納入結合審查，然納入結合審查與否原則上須先明示屬於參與結合事業後，再對之為審查。不應以可能產生市場損害之結果反推審查範圍，可能生邏輯推論上爭議。此

---

[251] 最高行政法院判決 105 年度判字第 403 號，頁 29-30。
[252] 最高行政法院判決 105 年度判字第 403 號，頁 32-33。

種審查範圍認定方式，可能違反法律保留、法安定性、過度擴張行政機關權力、侵犯人民營業自由，建議小心適用。

　　負擔可否獨立於原決定單獨撤銷之部分，最高行認為添加條件、負擔為公平會不予禁止結合之前提，且唯有添加條件或負擔方能確保對市場之經濟利益大於限制競爭之不利益，若允許單獨撤銷負擔，「*無異於主張結合案不應附加條件或負擔*」。[253]再者，添加條件、負擔為公平會之裁量餘地，法院無從介入；縱使公平會裁量不當，「*負擔與條件與准許結合之處分互為條件*」[254]，此時結合決定與附加之條件、負擔若變更，是否持續允許結合仍須由公平會判斷，法院不得自為決定，並肯認前審判決關於結合決定與負擔論關聯性之論述，最高行最終認定結合決定之負擔不能獨立於結合決定外撤銷。

　　負擔得否單獨撤銷與裁量餘地並無衝突，縱使具備裁量餘地，法院仍須具體審查是否具備裁量瑕疵；若負擔具備明顯瑕疵，法院仍須直接撤銷，以保障人民之權利。此外，結合決定書之性質為受益處分，公平會對於結合事業危害市場競爭時，仍可透過行政程序法第 123 條第 4、5 款廢止原決定，最高行不應以公平會不添加附款即禁止結合為由，駁回負擔不得單獨撤銷之訴。遑論公平法已賦予公平會得選擇「條件」、「負擔」附款之自由，公平會原決

[253] 最高行政法院判決 105 年度判字第 403 號，頁 36。
[254] 最高行政法院判決 105 年度判字第 403 號，頁 37。

定書既明文為負擔，本應接受負擔得單獨撤銷之見解，若欲避免前述爭議，公平會自應選擇使用「條件」作為附款。最高行於判決中說明准許結合決定與添加之負擔或條件「互為條件」，可能產生行政法概念混淆、自相矛盾之爭議，負擔與條件各有其意義，若將「負擔」解釋為原決定之「條件」，何謂「負擔」？最高行論述無異於替公平會附款類型選擇錯誤強加理由，以此前述理由限制結合事業得單獨撤銷負擔之訴訟權實具爭議性。再者，縱採負擔不得單獨提起撤銷之訴應與原處分一併提起課予義務之訴之見解，因行政訴訟採取職權主義，最高行於訴訟中亦應闡明當事人得變更訴之聲明，使之聲明由撤銷公平會所添加之負擔改為請求公平會作成不具負擔不予禁止結合之決定書，最高行未為闡明，判決可能具備瑕疵。

第五項　小結

分析我國微軟/諾基亞結合案後，可得知公平會、臺北高等行政法院、最高行政法院「對於說明具有標準必要專利之事業（諾基亞公司）納入結合審查之法律依據」；「何以判斷標準必要專利之移轉、讓與或授權屬於主要部分營業或財產之讓與或出租」；「具有標準必要專利事業結合時，如何判斷其市場份額以及銷售額以納入結合審查」；「對於負擔事後之救濟」可更深入探討，本書將於後文加以論述。

綜合研析後，本書認為由經濟分析觀點，結合時將標

準必要專利之特殊性納入作成決定、添加附款之因素，將有助於事前避免結合後因標準必要專利所生之紛爭。故後文將以微軟/諾基亞案為借鏡，以該案可再思索之處為啟發，試論結合規制手段如何事前降低與標準必要專利相關之紛爭，以維護市場競爭與消費者福利。

第五章　與標準必要專利相關結合審查模式之建議

第一節　將標準必要專利於結合審查的特殊性納入考慮

　　現今規格化、標準化時代，標準必要專利為生產符合特定標準產品所不可缺少之技術、進入市場之門檻且難以迴避；結合管制作為事前干預手段，對於標準必要專利權人於結合後濫用其專利權之風險不容忽視。是以，將標準必要專利對於限制競爭、消費者福利之影響納入結合審查特殊性考量刻不容緩。

　　概論智慧財產權於競爭法之特殊性以及微軟/諾基亞案之發展後，本書從標準必要專利本身具備之特殊性切入，探討具有標準必要專利事業針對於標準必要專利權移轉或授權時，如何與公平法之結合規制互動。是以，後文以標準必要專利事業可能產生之結合態樣為起點，著重於標準必要專利是否屬於「主要財產營業」之判斷，用以確認公平會可為結合規制之基礎；其後，再針對標準必要專利於市場占有率、銷售額之特殊性為論述，並提出公平會對於具有標準必要專利事業銷售額認定之建議；確認具有標準必要專利事業的行為屬結合審查範圍後，本書試論涉及不

同結合型態時，從標準必要專利之特殊性出發，具有標準
必要專利事業結合審查於不同結合型態時之注意事項；經
結合審查後，公平會必須作成同意或不同意結合之決定，
此時善用結合決定附款為維護市場競爭、保護消費者福利
之有效手段，惟過往公平會對於附款之性質定義不清且無
法有效事後監督，更何況涉及標準必要專利時，FRAND 承
諾與結合決定附款應如何相輔相成有所疑義，故後文將針
對結合決定附款應如何於具有標準必要專利事業的結合時
適用，以及 FRAND 承諾是否須納入結合決定附款、
FRAND 承諾於結合決定附款之性質與意義為具體分析；再
者，結合決定添加附款若未能有效事後監督，仍然無法保
障市場競爭，況且標準必要專利為進入特定「標準」的必
要條件，對於市場危害重大，故有效之事後監督機制有其
重要性，本書將從標準必要專利對市場危害之特性，對未
來公平會面臨具有標準必要專利事業結合決定後之監督方
式提出建議。此外，是否須將出讓標準必要專利之事業納
入結合審查亦為微軟/諾基亞案之爭執重點，本書將對此爭
議提出初步看法。最後，立於前述基礎之上，本書評析我
國是否須針對具有標準必要專利事業的結合建構特殊之審
查模式。

第二節 釐清具有標準必要專利事業之結合態樣

具有標準必要專利事業之結合，仍僅於符合公平法第 10 條結合之定義以及同法第 11 條需提出申報之情形才須於結合前提出申報。本節細探具有標準必要專利事業為商業行為時，是否屬於公平法所稱之結合，並特別著重於標準必要專利權之移轉或讓與以及授權之部分，以做為結合審查進行之前提。

第一項 結合不因事業具有標準必要專利具特殊性之情形

於具有標準必要專利事業被併購時，無論為新設合併或吸收合併，因原事業於併購後對於移轉標的皆無掌控權，本符合公平法第 10 條第 1 項第 1 款之「與他事業合併」，屬本法之結合並無疑義，惟公平會為結合審查時，仍須重視標準必要專利之影響。

若他事業取得具有標準必要專利事業有表決權股份或資本額達三分之一，此時標準必要專利權未移轉且取得股份或資本額之事業亦不一定能直接控制被取得之具有標準必要專利之事業，但仍符合公平法第 10 條第 1 項第 2 款，故屬結合。

若他事業於交易後可透過不同手段實際安排具有標準必要專利之人事任免、經營策略，此時他事業已經可實際

掌控標準必要專利之移轉、讓與或授權，與實際移轉標準必要專利或將標準必要專利授權給取得具有標準必要專利人事、業務控制權之事業已無差異，符合公平法第 10 條第 1 項第 5 款之結合規定並無疑義。

綜上所述，若具有標準必要專利事業被併購、有表決權股份或資本額讓與超過三分之一以及人事營業控制權有所移轉時，即屬公平法之結合。

第二項　標準必要專利權之移轉或讓與或授權是否屬於結合

判斷標準必要專利權之移轉或讓與是否屬於結合，仍須回歸公平法第 10 條之規定。於以標準必要專利權之移轉或讓與為標的之交易，可能涉及者為該條第 1 項第 3 款。該款所稱之「受讓」，於直接取得標準必要專利權之交易中並無疑義；該款所稱之「承租」，在普通財產權之情形，標的出租後，出租人即無法針對該標的為使用收益；然而，智慧財產權縱使授權給一人後，仍可為其他人實施而不具排他性。普通之智慧財產權雖於特定範圍內具備獨占性權利，仍可經由實施其他技術迴避，惟標準必要專利具備技術上無法迴避之特性，故於專利授權特性上有其特殊性。本書認為欲完整處理具有標準必要專利事業之結合管制，在判斷屬於「受讓或出租」與否後，更需進一步研析系爭標的是否為「全部或主要部分之營業或財產」，故後文將以「標準必要專利授權是否屬於出租」、「標準必

要專利是否屬於主要部分之營業或資產」兩大主軸展開，論述標準必要專利於公平法第 10 條第 1 項第 3 款適用時之特殊性。

第一目　標準必要專利授權是否屬於「出租」

　　公平法第 10 條第 1 項第 3 款之承租可否適用於標準必要專利授權，本書認為應依據授權型態為區別。若授權型態為專屬授權，專利權人因於授權後本身無法再實施該標準必要專利且被授權人除得自行實施該標準必要專利外，更得將該標準必要專利授權他人實施[255]，在授權期間內與標準必要專利權之移轉或讓與並無差異，故專屬授權屬於公平法之承租。若為獨家授權，標準必要專利權人於授權後，仍可自行實施該標準必要專利，但已不得將該標準必要專利授權他人，相反之被獨家權人除得自行實施該標準必要專利外，更得將標準必要專利授權於他人實施[256]，獨家授權期間內，被授權人之地位已如同專利權人，而標準必要專利權人之地位卻如同非專屬授權人，故與標準必要專利權之移轉或讓與已無差異，屬於公平法之承租。在非專屬授權之情形，由於被授權人於取得授權後僅得實施該標準必要專利，不得再授權該專利予他人，標準必要專利權人仍可自行實施或授權該標準必要專利予他人[257]，其仍

---

[255] 馮震宇（2017），〈專利授權契約之類型與解除〉，《月旦法學教室》，176 期，頁 36。

[256] 范曉玲（2013），〈剪不斷，理還亂？──評釋新專利法對專利授權之修正〉，《萬國法律》，187 期，頁 4。

[257] 謝銘洋（1993），〈契約自由原則在智慧財產權授權契約中之運用及其

享有對於標準必要專利完整之財產處分權，故不屬於公平法之承租。綜上所述，於標準必要專利專屬授權、獨家授權之情形因標準必要專利權人於授權期間內已經喪失標準必要專利部份之處分權，與出租無異，故屬於公平法第 10 條第 1 項第 1 款之「出租」。須注意者為，前述論述乃立基於標準必要專利具有技術上不可迴避之特性而公平會必須特別重視其對市場競爭可能之損害，並非所有專利授權皆有適用，以免公平法之結合定義過廣過度限制企業之營業自由（授權專利之自由）。

第二目　標準必要專利是否屬於「主要部分之營業或資產」

如前文所述，對於主要部分之營業或資產之判斷，本書採取質與量分析說。於標準必要專利權之移轉或讓與、獨家授權以及專屬授權是否屬於受讓、出租「主要部分之營業或資產」，質與量分析可透過針對財務報表—資產負債表之無形資產項目分析以及導入無形資產評價—專利評價之手段為認定。

資產負債表中的無形資產價值係透過「事業股價＊已發行股數−淨資產價值所獲得」，並包含專利權、商標權、著作權、營業秘密、商譽、許可證、客戶契約與關係、製程等。[258]所謂專利評價，係指針對無形之專利權給予經濟價值評估，而專利評價應注意之因素如下：

限制），《國立臺灣大學法學論叢》，23 卷 1 期，頁 320。
[258] 陳威霖，林殿琪（2001），〈無形資產之鑑價方法——以專利或技術鑑價為核心〉，《智慧財產》，39 期，頁 57。

1.科技因素：

「*如專利完整性、重要性、競爭力、成熟度、未來應用潛能、被取代性，重點為分析該專利未來之價值以及生命週期*」。[259]

2.法律因素：

「*專利有效性、侵權可能性、實施或授權限制、衍生專利權歸屬*」。[260]

3.商業因素：

「*市場占有率、市場競爭關係、專利商品化所需之投資，目的為判斷市場接受度*」。[261]

　　參酌經濟部工業局「智慧財產流通運用計畫 98 年專案計畫執行成果報告」以及學者陳乃華、劉江彬、張孟元及工業技術研究院「智慧財產流通運用計畫」報告之論述，標準必要專利評價之考量事項如下：[262]

---

[259] 陳乃華（2010），〈專利權評價模式之實證研究〉，《臺灣銀行季刊》，61 卷 2 期，頁 273。

[260] 陳乃華，前揭註 259，頁 273。

[261] 陳乃華，前揭註 259，頁 273。

[262] 工業技術研究院（2009），《智慧財產流通運用計畫 / 工業技術研究院受委託》，頁 84-87，經濟部工業局；陳乃華，前揭註 259，頁 275,281；劉江彬，張孟元（2001），〈「技術及專利」價值評估模式之研究〉，《臺大管理論叢》，12 卷 1 期，頁 41。

表格 2 標準必要專利評價考量事項[263]

標準必要專利評價考量事項		
權利化指數	專利保護因素	該標準必要專利現正申請中或已取得專利權？
	專利類型	標準必要專利為發明專利或新型專利？
	專利核准國別與數量	授與專利權之國家為何、同一專利於多少國家取得權利？
生命週期指數	專利有效年限	標準必要專利有效之剩餘年限為何？
商品化指數	創新性因素	該標準必要專利是否具備突破性創新、顯著提升技術效率或與現有技術差異不大？
	技術競爭力	該標準必要專利於市場中是否已有類似技術？該技術是否比現有技術更具競爭力？技術是否已過時？
	商品化難易度	標準必要專利所生之產品是否容易商品化？
	研發程度	標準必要專利是否已可量產？或僅為研究概念、實驗室測試階段？
侵權保護指數	請求項保護	判斷標準必要專利請求項撰寫之優劣以及保護範圍大小？
	請求項防禦性	基本上標準必要專利難以迴避，但仍須具體判斷開發標準必要專利替代方案之研發成本多寡。

---

[263] 改編自陳乃華，前揭註 259，頁 275，281；工業技術研究院，前揭註 262，頁 84-87；劉江彬，張孟元，前揭註 262，頁 41。

	侵權鑑定難易度	於侵權案件標準必要專利侵權鑑定之難易度？
預期市場價值	應用範圍	現行使用該標準之市場大小以及未來使用該標準產品市場之發展性
	授權特性	標準必要專利授權之授權型態、授權條款內容特殊性、是否受到 FRAND 承諾拘束
	跨領域運用	使用該標準之產品是否具備跨領域特性？未來是否可能與他產品整合使市場更為擴張？
	競爭強弱	該標準必要專利於市場具備競爭力的年限長短（生命週期）

（改編自學者陳乃華、劉江彬、張孟元、工業技術研究院智慧財產流通運用計畫報告）

　　分析完畢標準必要專利評價應考量事項後，必須再討論標準必要專利評價應採取之評價方法。因專利屬於無形資產之一，於評價方法上，可使用市場法、收益法以及成本法。[264]所謂成本法係指以標準必要專利研發成本為依據，計算其價值；市場法又稱為比較法，此種評價方法以過往類似標準必要專利移轉或讓與之資訊、市場價值為現有標準必要專利之比較對象，經調整得出欲移轉標準必要專利之合理市場價值。[265]收益法則指將標準必要專利於未

---

[264] 彭火樹（2018），《無形資產評價管理師中高級能力鑑定：無形資產評價》，頁53，臺北市：財團法人臺灣金融研訓院。

[265] 陳威霖，林殿琪，前揭註258，頁58-59。

來可能創造之利益流量以資本化、折現之方法，轉換為現在之價值。[266]

標準必要專利之移轉或讓與後，原標準必要專利權人即喪失對標準必要專利之控制權且不會有授權金之收入，理論上不再與適用該標準之市場有所關聯，故市場法以過往交易狀態判斷標準必要專利之現在之價值，適合用於此種性質之交易；於標準必要專利授權之情形，因授權後標準必要專利權人持續有授權金之收入，授權後仍與該標準必要專利之市場有所關聯且可透過授權金之調整影響市場，其授權時即需特別判斷使用該標準之市場未來標準必要專利授權情形以決定所制定之授權條款是否合適，收益法著重於未來利益之評估，故用於評價標準必要專利授權條款相當合適。是以，本書認為於標準必要專利之移轉或讓與時，應以市場法為評價方法，輔以前述標準必要專利評價應考量事項為質性分析。此外，因標準必要專利之獨家授權、專屬授權有結合上之特殊性屬於出租，於此等授權條款因具備未來收取授權金之特性，應採取收益法為評價方法，並輔以前述輔標準必要專利評價應考量事項為質性分析。具體分析手段上，可以標準必要專利移轉對價、標準必要專利鑑價價值與資產負債表中「無形資產」項目為比較，以無形資產為分母，計算其所質性重要性比例，判斷是否屬於「質」上之主要或重大，原則上若質重要性

---

[266] 謝國松（2016），〈無形資產之辨認、評價程序與方法〉，《會計研究月刊》，363 期，頁 95。

比率超過 30%，即推定屬於「質」上之重要，應由標準必
要專利權人舉證推翻重要之推定。

　　質性重要性計算如下列公式：

質性重要性比率

$$= \frac{（標準必要專利移轉或讓與之對價）或（標準必要專利鑑價價值）或（授權金數額）}{資產負債表之無形資產總額}$$

　　量性分析必須實際數額對事業非常巨大，不是僅對於
無形資產層次有重要性，而係對於企業整體經營，故判斷
之條件應較為寬鬆，應改以資產負債表以資產總額為依
據，計算量性重要性比率，以判斷是否對企業上＋屬於主
要或重大，原則上若量性重要性比率超過 10%，即應推定
屬於「量」上之重大，應由標準必要專利權人舉證推翻該
推定。

　　量性重要性計算如下列公式：

量性重要性比率

$$= \frac{（標準必要專利移轉或讓與之對價）或（標準必要專利鑑價價值）或（授權金數額）}{資產負債表之資產總額}$$

　　此外，除以上述基準判斷「質或量」上之重要性外，
具體個案判斷更需注意標準必要專利權人之公司特性。若
事業為以收取標準必要專利授權金、販賣標準必要專利之
收入之事業，如不實施專利實體（Non-Practicing Entity，
NPE）、以授權標準必要專利為主、製造產品為輔之公司
（如販賣行動裝置製造部門後的諾基亞公司），此時販賣
或授權標準必要專利有較高可能性屬於主要或全部營業或
財產而構成公平法之結合。對於以實施專利製造符合標準

產品之製造商，販賣或授權標準必要專利有較低機率為主
要、全部營業或資產，原則上不屬於公平法上之結合。但
仍須依據具體個案進行適當之調整，不可僵化為判斷。

　　附帶而論，如前文所述，本書建議修法納入出租、移
轉營業、資產達特定數額時即屬於公平法之結合。若採取
此見解，標準必要專利移轉或讓與之對價、標準必要專利
評價之價值或獨家授權、專屬授權所收取之授權金達到特
定數額，即屬於公平法之結合，毋庸再另為質與量分析，
可免除公平會對於主要營業、財產判斷之舉證負擔。

第三節　具有標準必要專利事業結合案中市占率、銷售額之判斷

　　確認具有標準必要專利事業之行為屬於公平法第 10 條
之「結合」後，具有標準必要專利事業僅須於符合公平法
第 11 條規定時方須提出結合申報，換言之，符合第 11 條
之要件時，公平會方得針對具有標準必要專利事業之商業
行為為結合審查。本節首先以標準必要專利於「相關市
場」、「市場力量」具備之特色切入，並導出公平會於具
有標準必要專利的結合時應如何判斷「市場占有率」、
「前一會計年度銷售金額」。

第一項　具有標準必要專利事業的結合之市場占有率判斷

　　本書此項以標準必要專利權之移轉或授權為中心，點出標準必要專利對相關市場及市場占有率之影響，並提出具有標準必要專利事業的結合時公平會應如何判斷市場占有率之建議。

　　以標準必要專利權之移轉或授權為結合手段，審查之相關市場須區分為「創新市場、授權市場與商品市場」與普通智慧財產權無異。

　　中國大陸國家發展案改革委員會（下稱中國大陸發改委）在美商高通公司標準必要專利案中，認為「*每一項無線標準必要專利許可均單獨構成一個獨立的相關產品市場*」[267]，南韓亦同此見解。[268]此種見解下，標準必要專利權人於個別市場占有率為 100%，必然具備市場力量；相反之，歐盟執委會主張不應認為標準必要專利必然構成單獨之市場，仍須檢視是否具備競爭性替代標準、標準是否能快速轉換、轉換標準之成本多寡來斷定標準必要專利是否為單獨市場。[269]

---

[267] 中華人民共和國國家發展和改革委員會行政處罰決定書發改辦價監處罰 [2015]1 號。

[268] 莊弘鈺、林艾萱（2019），〈標準必要專利競爭法管制之分與合：兼論我國高通案處分〉，《公平交易季刊》，27 卷 1 期，頁 25。

[269] 陳皓芸，前揭註 6，頁 118；許祐寧（2018），〈標準必要專利與反托拉斯之成果運用法制——以高通案為例〉，《科技法律透析》，30 卷 8 期，頁 56。

　　本書認為，只要使用「標準」之「產品」在與產生相類似功能之產品市場上之占有率已超過 50%，標準必要專利成為進入特定「標準」市場之必須門票，此時推定標準必要專利本身具有市場力量。況且標準必要專利之間環環相扣，缺一不可，故認定個別標準必要專利建立單獨之市場，於授權市場具有 100%之市占率具市場力量並無疑義；標準必要專利權人於實施該標準必要專利所生產之產品市場亦具備 100%市占率以及市場力量，符合公平法第 11 條第 1 項第 1、2 款之「結合後使市場占有率達三分之一」、「參與結合之一事業，市場占有率超過四分之一」市占率要件，原則上結合前須提出申報。創新市場部分則須視標準必要專利之研發困難度、研發成本另行判斷，但因標準必要專利開發上有其困難度，故原則上市場占有率仍會超過前述法定要件。

　　此外，有學者認為：

> 「*若在特定產業或市場的主要競爭者透過併購現有專利以外之其餘專利而取得市場獨占地位，將會違反休曼法之規定。因此收購專利是否違反競爭法，收購者的市場力量具備重要性*」。[270]

　　是以，除標準必要專利本身之市場力量外，收購者之

---

[270] LANNING G. BRYER & SCOTT J. LEBSON, INTELLECTUAL PROPERTY ASSETS IN MERGERS & ACQUISITIONS, WIPO(2003), available at https://www.wipo.int/export/sites/www/sme/en/documents/pdf/mergers.pdf (last visited, Mar. 30, 2020).

市場占有率亦須予以考慮。

　　若採上述見解，於具有標準必要專利事業的結合時，標準必要專利權之移轉或授權若依據質與量分析屬於主要、全部營業或資產，且在使用該標準之產品之市場占有率已超過 50%，原則上事業為標準必要專利專屬授權、獨家授權以及標準必要專利權之移轉前即須提出結合申請報。

　　套回微軟、諾基亞案之脈絡，公平會欲將諾基亞公司之標準必要專利納入審查，市場占有率認定須說明所涉及者為「行動通訊裝置標準必要專利市場」、「行動裝置作業系統相關標準必要專利市場」，並說明諾基亞公司之標準必要專利所依據之標準為「第三代通訊系統或第四代通訊系統標準」、「Android 作業系統」，該等標準市場使用程度已超過 50%，各別標準必要專利建構獨立市場，諾基亞公司於其授權市場市占率為 100%，故符合公平法第 11 條第 1 項第 1 款。

第二項　具有標準必要專利事業結合前一會計年度銷售金額之認定

　　鑑於前項市場占有率之判斷可能有所爭議，下文試論具有標準必要專利事業的結合可否以公平法第 11 條第 1 項第三款「前一年會計年度銷售金額超過特定金額」為結合申報依據。

　　依據「事業結合應向公平交易委員會提出申報之銷售

金額標準及計算方法」，於相關事業均非金融業之前提下，具有標準必要專利事業的結合須符合下列全數要件方須為結合申報：1.被結合者是否前一年度於我國銷售金額達 20 億元？2.參與結合所有事業上一會計年度全球銷售金額超過四百億或國內銷售金額達 150 億元。

依據公平交易法施行細則第 7 條，銷售金額為「事業之營業收入總額」，若為具有標準必要專利事業全部併購，前述銷售金額之計算為公司整體營業收入金額較無爭議；反之，若為標準必要專利權移轉或授權型態之結合，標準必要專利所獲得之利益主要為「使用標準的產品銷售獲利」、「收取標準必要專利授權金」，此等收益屬於事業之營業收入無疑義，惟是否須納入其他營業收入，有深究之必要。

本書認為，於標準必要專利權之移轉或授權型態之結合，有可能專利授權金收取並非該事業之主要收入，此時將該公司其餘營業全部納入，過度擴張公平會之審查權限，有害營業自由。故於此等情形，僅能將與結合標的相關之標準必要專利授權金、使用該專利之產品銷售金額納入。然而，使用該專利之產品銷售金額，因該產品之價值並不全部為系爭標準必要專利所生，故仍須分析該標準必要專利就產品價值之貢獻比例為何，以該比例乘上全部銷售額，得出之數值方為可納入計算之銷售金額。簡而言之，此處之銷售金額只能計算標準必要專利之授權金以及使用該標準必要專利產品扣除不屬於標準必要專利價值之部分。若難以計算時，亦可參酌標準必要專利合理權利金

制定之方式為計算。

　　套回微軟、諾基亞案之脈絡，公平會決定書應說明：如何計算微軟公司、諾基亞公司之銷售金額，該銷售金額計算之範圍為我國或全球？諾基亞公司之標準必要專利銷售金額之計算基礎？數額為何？超過「事業結合應向公平交易委員會提出申報之銷售金額標準及計算方法」何條要件而需納入結合審查？公平會決定書中未為此等論述，顯有瑕疵，殊為可惜。

第三項　具有標準必要專利事業的結合類型與審查重點

第一目　標準必要專利權讓與或授權之結合類型

　　公平法之結合，可分為水平結合、垂直結合以及多角化結合三種型態。此目假設所移轉或授權之標準必要專利均已符合前文須為結合申報之情形，進一步討論所應適用之結合類型。

　　標準必要專利權之移轉或授權，均可針對上游供應商、同一產銷位階之競爭者、下游應用商以及目前與產銷位階相關性不高之廠商為交易。對於將標準必要專利權之移轉或授權予上游供應商、下游應用商之事件，因交易雙方於市場中具有上下游市場關係，此種情形多為 NPE 授權給製造商之情形，故屬於垂直結合；標準必要專利權讓與或授權與同一產銷位階之競爭者，因屬於同一市場中之結合，如美商高通公司授權給聯發科技公司之情形，為水平

結合；若交易雙方在市場上並無任何關聯，取得標準必要專利權之讓與授權主要目的為跨領域應用，如美商高通公司收購荷蘭商恩智浦公司之情形，此時則屬多角化結合。

是以，標準必要專利權之移轉或授權之結合型態，必須依據交易雙方相對人目前於市場間之關係而定，並以所屬類型決定結合審查模式。

第二目　具有標準必要專利事業水平結合審查重點

如前文所述，具有標準必要專利事業的水平結合管制目的仍為「避免結合後事業市場力量增強可單方操縱市場價格損害競爭」，但仍須重視規格化、標準化可能產生製造成本、研發成本下降提高市場效率之優點。

具有標準必要專利事業水平結合限制競爭分析：

1.單方效果要件：

著重於具有標準必要專利事業標準必要專利權移轉或授權後，使用該「標準」的「產品市場」中生產者數量減少、標準必要專利「授權市場」授權金議價空間是否彈性更低、可否收取超過技術本身價值之授權金、其他事業相關市場占有率是否顯著下滑、結合前因標準必要專利所獲得之利潤是否顯著提升。

2.共同效果要件：

重點分析結合後具有標準必要專利事業是否會濫用其標準必要專利。檢視具有標準必要專利事業於結合後，是否會導致技術發展遲延、使用標準的產品價格不降反升、

同質商品數量更少、標準必要專利授權率是否下降、標準
必要專利授權模式是否可由專利權人單方面以智慧財產權
政策決定而更僵化、標準中技術研發是否集中於更少數事
業中，使「研發市場」競爭顯著下降。

3.參進程度要件：

　　判斷取得標準必要專利授權以及進入使用「標準」的
市場事實上是否更加困難、競爭者進入使用「標準」之相
關市場所需之時間、競爭者進入市場是否可以破除標準必
要專利權人單方控制市場之狀況。由於標準必要專利具備
不可迴避特性，對於參進程度要件必須採取較嚴格審查標
準，原則上應推定市場難以進入，並由事業舉證一一檢驗
確認結合後不會以其標準必要專利阻礙競爭者進入市場，
且作成承諾納入結合決定附款以確保符合此要件。

4.抗衡力量要件：

　　必須具體判斷結合後消費者是否能於市場拒買使用該
標準之產品，避免標準必要專利權人可任意調升專利授權
金，導致使用標準之產品市場價格提升不利消費者之結
果。

　　具有標準必要專利事業水平結合整體經濟利益分析部
分，原則上標準必要專利並不具備迴避可能性而市場占有
率達 100%，故符合「公平交易委員會對於結合申報案件之
處理原則」第 10 條之規定，皆須進一步衡量整體經濟利

益。[271]具體衡量基準可分析結合後整合技術發展可否避免相同技術重複研發降低研發成本、生產符合標準的產品獲取授權對象變少後，取得授權之行政、時間上成本是否降低，使標準必要專利權人可將較多資源用於技術研發或降低授權價格、結合後是否會吸引其他競爭者開發替代技術並收取較低之專利授權金而促進授權市場競爭。[272]此外，我國產業政策於水平結合審查亦有重要性，若結合後能夠整合我國標必要專利權人資源組成國家隊，與外國廠商於技術研發、專利授權為競爭，由專利被授權人轉向專利授權人發展，有利我國事業國際市場競爭力，此效果亦須納入整體經濟利益分析判斷。

第三目　具有標準必要專利事業垂直結合審查重點

　　垂直結合限制競爭之判斷重點為是否產生「市場封鎖效果」，此種效果於具有標準必要專利事業的結合特別重要，因結合使原屬於上下游之兩事業合而為一，並使原有標準必要專利授權金磋商由外部商場競爭轉為單一公司內政策。標準必要專利技術上無法迴避，此時結合後相關市

---

[271] 公平交易委員會對於結合申報案件之處理原則第 10 條：顯著限制競爭疑慮之水平結合一般作業程序之水平結合申報案件有下列情形之一者，本會原則上認為有顯著限制競爭疑慮，應進一步衡量整體經濟利益：

（一）參與結合事業市場占有率總和達到二分之一。

（二）相關市場前二大事業之市場占有率達到三分之二。

（三）相關市場前三大事業之市場占有率達到四分之三。

前項第二款或第三款之情形，參與結合事業之市場占有率總和應達百分之二十。

[272] 廖義男，前揭註 61，頁 459。

場中其餘競爭者能否取得標準必要專利授權、取得之授權金是否合理為市場競爭存在之必要條件，故垂直結合審查不可不慎。依據「公平交易委員會對於結合申報案件之處理原則」第 11 條，[273]涉及標準必要專利之垂直結合限制競爭判斷之特殊性如下：

　　1.若標準必要專利權人結合前非以實施標準必要專利為主要營業，而結合後吸收下游事業而具備強大實施能力，競爭者不僅單純因標準必要專利難以迴避而有市場進入障礙，更可能因為結合後事業納入下游產品生產競爭考量而拒絕授權，使得市場進入困難度更加提升。

　　2.垂直結合後，標準必要專利權人具備一條龍生產能力，不須擔心無人使用其專利使其適用之「標準」不被消費者所接受，更可能為了保護自行生產符合標準之產品進入市場競爭，而以標準必要專利授權為其配套政策，於授權端拒絕授權影響下游產品市場競爭，具備高度濫用市場力量之可能性。此外，亦可能於標準必要專利授權時，就競爭者收取超過技術本身價值之授權金；而本身下游事業實施相同標準必要專利時，給予較優惠之授權金，產生增

---

273 公平交易委員會對於結合申報案件之處理原則第 11 條：垂直結合限制
　　競爭效果之考量因素：
　　（一）結合後其他競爭者選擇交易相對人之可能性。
　　（二）非參與結合事業進入相關市場之困難度。
　　（三）參與結合事業於相關市場濫用市場力量之可能性。
　　（四）增加競爭對手成本之可能性。
　　（五）導致聯合行為之可能性。
　　（六）其他可能造成市場封鎖效果之因素。

加競爭者成本、降低自身生產成本的不公平競爭地位。

具有標準必要專利事業結合的整體經濟利益判斷，必須注重結合後所降低之專利授權行政成本、授權磋商之時間成本、技術重複開發成本、從專利授權到產品製造之一條龍式產品生產成本下降可否促使消費者終端價格下降或欲使用專利之人因此受有授權金調降之利益。再者，技術發展是否因結合後整合而降低研發成本、研發質量提升、時間縮短。

綜上所述，公平會於審理具有標準必要專利事業的垂直結合時，必須重視前述之限制競爭風險以及整體經濟利益，衡量利弊得失後方得作成決定書。

於微軟/諾基亞案，公平會認為該案屬於垂直結合，採取市場封鎖效果為分析重點，並論述諾基亞公司於結合後可能提高標準必要專利授權金產生市場限制競爭，更以此為由將 FRAND 承諾納入附款。[274]本書認為公平會初次處理具有標準必要專利事業的結合，能注意到標準必要專利限制競爭之特殊性十足讚許。惟該決定書中並未論述諾基亞公司結合後可產生之整體經濟利益，並與限制競爭為利弊分析，得出以添加 FRAND 承諾負擔為手段確保整體經濟利益大於限制競爭不利益不予禁止結合之結論，為其決定書不足之處，公平會未來處理具有標準必要專利事業的垂直結合時，操作必須更細緻化。

---

[274] 公平交易委員會結合案件決定書公結字第 103001 號，頁 8。

第四目　具有標準必要專利事業多角化結合審查重點

多角化結合審查重點為「潛在競爭可能性」，具有標準必要專利事業結合時，必須考慮結合者取得標準必要專利後之目的為何、結合後標準必要專利是否會使得原不受標準必要專利影響的市場進入門檻提高、原本無法觸及之市場納入標準必要專利後，專利權人是否會取得優勢市場地位以及有無動機濫用市場地位取得超出技術本身之不當利益、是否會因標準必要專利拒絕授權而阻礙潛在市場競爭。

多角化結合限制競爭審查重點為避免「聚合力效果」，避免結合後事業以掠奪性定價逼迫競爭者退出市場。必須重視標準必要專利對於結合後新營業領域經營的影響、是否會阻礙結合後新營業領域相關市場之技術發展、藉由標準必要專利是否可單方面主導結合後新增領域之市場走向與發展、可否透過標準必要專利拒絕授權阻礙跨領域潛在競爭者進入市場、標準必要專利授權條款是否會在新領域收取超過技術本身價值之授權金而損害市場競爭。

具有標準必要專利事業多角化結合整體經濟利益審查，須重視結合後標準必要專利跨領域授權所節省之成本、跨領域技術結合引發之技術創新、將「標準」適用到不同領域於相關市場引發的有效市場競爭、標準適用於新領域是否會使消費者取得價格較低且質量更佳之產品、我國產業可否透過標準適用於新領域於國際市場競爭有立足之地，促進我國整體產業鏈之競爭力。

第四節　標準必要專利權人是否納入結合管制尚待釐清

　　過往微軟/諾基亞案中，結合標的並未包含任何諾基亞公司通訊相關之標準必要專利之移轉或讓與，且至多包含諾基亞公司標準必要專利的非獨家授權（非專屬授權），此時將諾基亞公司本身納入結合審查範圍、針對諾基亞公司未移轉或專屬（獨家）授權之專利增加 FRAND 承諾附款是否合法、正當不無疑問。本書分析該案，發現涉及具有標準必要專利事業的結合，因標準必要專利特性，導致結合審查對象須納入標準必要專利權人而生爭議之處如下：

　　1.標準必要專利權人掌握進入特定「標準」之門票，但是否因其具備技術上不可迴避之特性，只要涉及標準必要專利之專屬、獨家授權或標準必要專利權之移轉或讓與即須將標準必要專利權人納入結合審查？

　　2.若企業併購並未涉及標準必要專利權之移轉或讓與，是否僅因為標準必要專利權人結合後在標準必要專利「授權市場」之地位可能有所改變，即須將標準必要專利權人納入結合審查範圍？

　　3.程序上，屬於出讓（授權）人之標準必要專利權人是否須自行為結合申報，或是僅需由受讓（被授權）人進行一方申報即符合法定要件？

　　4.若為標準必要專利專屬或獨家授權的結合態樣，標準必要專利授權後要求標準必要專利權人持續遵守 FRAND

承諾是否有意義？

　　故本書將以微軟/諾基亞案之探討為基礎，由該案不同法域之論述邏輯，試圖透過產業政策、標準必要專利價值、標準必要專利授權型態與 FRAND 承諾的互動等面向，初步回答上述問題，以釐清標準必要專利權人是否須納入結合審查之脈絡。

第一項　產業政策之影響

　　觀察微軟/諾基亞案，對於標準必要專利權人諾基亞公司是否納入結合審查範圍，技術輸出國與技術需求國之論述明顯不同。

　　歐盟執委會於該案認為諾基亞公司為保障該公司競爭力，會持續研發新技術專利，並不會轉型為濫用專利之 NPE，且該公司轉型為以授權專利為主要業務後，更能依據平臺中立原則授權標準必要專利，並不會產生獨厚該公司自行生產之產品的後果。再者，縱使不透過結合審查規制，諾基亞公司違反 FRAND 承諾時仍可違反獨占裁罰之，更能使用強制授權，故不需特別於結合審查階段納入標準必要專利權人。[275]

　　美國並未針對本案為任何表示，惟無條件通過結合以及聯邦貿易委員會針對高通公司濫用標準必要專利提起獨占訴訟之結果，可見對於標準必要專利權人違反 FRAND 承

---

[275] EUROPEAN COMMISSION, *supra note 10*, at Paragraph(253)-(257).

諾時再予以強制授權[276]、獨占裁罰即可，不須於結合決定時為特別處理，處理模式與歐盟相近。

我國、南韓與中國大陸則採取相近立場，皆認為諾基亞公司結合後因不生產智慧型行動裝置，不受到專利交叉授權抗衡，可單方面提高標準必要專利授權金影響使用標準必要專利之人之利潤，更可因標準必要專利具備不可迴避性，以拒絕授權逕行拒絕下游廠商於市場之外，故有必要將 FRAND 承諾納入於結合決定附款中。

由此可見，技術輸出國廠商多為專利權人，故所重視之面向為標準必要專利權人可自由授權其專利，不對授權本身為實質之指示，靜待市場機制受到標準必要專利權人破壞時，再以事後救濟手段矯正，並不事前過度干涉專利授權市場運作。然而，技術需求國多為標準必要專利實施者，且單純製造產品之毛利潤低，僅需授權金有些微波動即影響該等廠商是否能永續經營，故為避免標準必要專利授權金恣意遭標準必要專利權人調整影響市場競爭、消費者福利，該等國家通常將標準必要專利權人納入審查範圍。產生前述之結果乃產業政策根本性不同所致，技術輸出國重視者為專利權人保護而採取自由競爭、減少干預市場，技術需求國重視者為被授權人之保護，積極干預市場，避免專利權人濫權。是以，標準必要專利權人是否因該專利具備不可迴避特性，於標準必要專利權之移轉或專屬、獨家授權，甚至於標準必要專利根本未移轉或授權，

---

[276] Ftc v. Qualcomm Inc., 2018 U.S. Dist. LEXIS 190051.

乃因其他移轉導致標準必要專利權人於授權市場之力量有所增長，即須納入結合審查，不同產業政策之思考影響納入審查與否之結果，故產業政策具重要性。

我國通訊產業 4G 時代仍屬於專利實施者階段，產業政策採取保護標準必要專利被授權之立場，故結合審查納入諾基亞公司以產業政策為理由十足可採。然而，未來公平會處理具有標準必要專利事業的結合時，若所涉及之產業我國已立於技術帶領者，此時公平會或許針對標準必要專利權人可以採取較寬鬆之態度，不於結合審查時積極將其納入，採取事後獨占規制即可。

綜上所述，本書認為標準必要專利權人納入結合審查與否，不可僅因標準必要專利不可迴避即將標準必要專利權人納入結合審查對象，應於決定書須明示納入我國之產業政策為何？並以此為據決定結合審查是否納入標準必要專利權人。

第二項　移轉或授權標的「價值」之影響

我國並未針對專利技術授權要求申報，若單純因為標準必要專利具備技術上不可迴避性，即需將標準必要專利權人納入結合審查，程序過度粗糙且有礙標準必要專利人之專利權交易自由。因此，標準必要專利授權或標準必要專利權之移轉或讓與納入結合審查之大前提為：屬於「主要營業或財產」。標準必要專利權人於移轉或授權標準必要專利時若不達該標準，根本不需納入結合審查。故將納

入標準必要專利權人納入結合審查時，必須移轉或授權之標的已依據前文「質與量分析」判斷為標準必要專利權人之「主要營業或財產」，方得納入審查，不因企業併購僅涉及少部分之標準必要專利授權、標準必要專利權之移轉或讓與就須將標準必要專利權人納入審查，以節省行政審查成本、加速智慧財產權應用與交易。我國公平會於微軟／諾基亞案並未針說明諾基亞公司標準必要專利或該案授權之專利屬於主要營業或財產，即將諾基亞公司納入結合審查，有所不足。

第三項　授權型態的結合與 FRAND 承諾之互動

如前文所述，標準必要專利授權會構成結合的型態僅限於獨家授權與專屬授權。在專屬授權之情形，因標準必要專利權人本身不具備專利實施、再授權之權利，此時應要求被專屬授權人於再授權時必須符合 FRAND 承諾，要求標準必要專利權人結合後負擔 FRAND 承諾義務並無實質意義。而在獨家授權時，標準必要專利權人雖得自行實施標準必要專利，但實施該專利時不需簽署授權契約與支付授權金，並無授權行為之存在，並無違反 FRAND 承諾之可能性，故要求標準必要專利權人負擔 FRAND 承諾義務畫蛇添足。

如前所述，在標準必要專利權人專屬或獨家授權標準必要專利構成結合時，結合後標準必要專利權人已無法對他人再授權該標準必要專利，根本不存在違反 FRAND 承諾拒絕授權、歧視性或差別待遇授權之問題，故不因單純標

準必要專利權人曾向國際標準制定組織作成 FRAND 承諾，
就認定標準必要專利權人可能濫用其專利，進而將標準必
要專利權人納入結合審查，更遑論於作成結合決定時添加
「標準必要專利權人於授權後須繼續負擔 FRAND 承諾」附
款以確保市場競爭。

　　釐清標準必要專利權人納入結合審查與否後，後文將
探討具有標準必要專利事業結合時，公平會如何善用附款
達成確保市場整體經濟利益大於限制競爭之不利益。

第五節　善用標準必要專利結合決定之附款

第一項　具有標準必要專利事業結合決定之附款

　　依據公平交易法第 13 條第 2 項之規定，公平會於結合
決定書得添加之附款，僅包含「條件」、「負擔」兩種法律
性質。再依公平交易委員會對於結合申報案件之處理原則第
14 條之規定，結合決定附款可採取之具體手段結合救濟手
段僅限於「結構面措施」與「行為面措施」。如同國際競爭
網絡（ICN）之報告，與智慧財產權相關的結構性救濟措
施，包含分拆智慧財產權以及要求授權智慧財產權。[277]與智
慧財產權相關之救濟措施最常使用者為授權措施，其意義為

---

[277] ICN Merger Working Group: Analytical Framework Subgroup, *supra note 73.*

於特定期間內要求智慧財產權人必須授權其智慧財產權予他人使用，用以減少市場進入障礙。[278]但在特殊情性下，因智慧財產權授權救濟包含持續作為義務，故智慧財產權授權之救濟可能包含行為面、結構面措施之雙重特性。[279]

確認公平會結合決定附款之法律上性質與可採取之措施後，本書認為於結合決定，公平會可採取之附款第一層次可先區分為條件、負擔兩大類，兩者差異點在於結合決定於何時點生效，換言之即事業何時可為結合。若為條件，結合決定生效與否需待條件是否成就而定；若為負擔，結合決定於作成時即生效力。第二層次則可再區分為：結構面措施、行為面措施、他種措施三種態樣，詳細態樣如下圖：

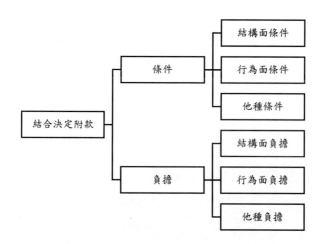

圖表 9　我國結合決定附款類型表

涉及標準必要專利之結合，對使用標準相關市場所生

---

[278] *Id.*

[279] *Id.*

之影響，相較於一般產品市場，事後更難以回復，因此更須為特殊考量。由於標準必要專利權人在請求將其專利納入標準時，曾向標準制定組織作成「公平、合理、無歧視授權」之 FRAND 承諾，對於標準必要專利之權利行使有部分之限制並非標準必要專利權人不得預見，故針對涉及標準必要專利結合決定附款為特別之處理有其正當性。由於標準必要專利已成為進入使用「標準」的產品市場以及授權市場所不可缺少，故結合決定附款應著重於「標準必要專利恣意授權禁止之部分」，並以結構面措施、行為面措施、他種措施為救濟手段。

本書認為，我國於處理涉及標準必要專利之結合案件時，公平會考量之大前提為結合後之標準必要專利權人可否透過標準必要專利授權影響市場競爭、損害消費者福利？基於標準必要專利為進入使用特定標準產品的必須技術，應有高度可能性會產生影響，故須嚴格審理，並採取以改變整體市場結構之結構面措施為主、行為面措施為輔並搭配他種措施之方式。

附款法律性質定性之部分，因標準必要專利成為相關市場進入門檻，故須確實要求事業必須履行公平會所添加之附款後方得為合法結合，以避免事業透過拖延履行附款對市場所生之損害事後難以回復之問題。再者，雖本書採取條件、負擔皆須針對原決定書提起課予義務之訴之見解，但實務上仍多認為「負擔」可獨立於結合決定之外單獨救濟，如前文所述，若以負擔作為結合決定附款，一方面行政訴訟上可能須先定性結合決定附款之性質，若定性

附款性質為負擔後仍會爭執負擔可否獨立於結合決定外單獨撤銷而不影響結合決定之有效性，縱使被撤銷事業仍可為結合（如後文論述之微軟/諾基亞案當事人曾提出該等爭執）。反之，若採取條件作為結合決定之附款，可透過停止條件、解除條件之搭配，判斷結合決定於事業違反附款時是否有效，再搭配通說見解，不服條件必須針對原決定書全部提起救濟，可舒緩附款與原決定分別處理對市場之影響，再要求法院判決時不得自為判決，必須發回公平會按照判決意旨更為決定，此時保障公平會具判斷餘地重新審酌是否不予禁止結合，亦避免學說上對於負擔救濟之爭執。綜上所述，本書認為公平會於涉及標準必要專利之結合審查附款，原則上應定性附款性質為條件。

具體措施選擇之部分，依據「公平交易委員會對於結合申報案件之處理原則」第 14 條，結構面措施則包含「要求事業移轉股份或資產」、「轉讓部分營業」、「免除擔任特定職務」；行為面措施可包含「要求事業提供關鍵性設施予他事業」、「授權他事業使用智慧財產權」、「不得為獨家交易、差別待遇、搭售等行為」，更得依據個案情事添加他種負擔。具體函攝前述條文，結構面措施之「要求事業移轉資產」於標準必要專利之情形，係指可要求事業將其標準必要專利權移轉給他人，「轉讓部分事業」則指要求事業另行設立新公司獨立受讓標準必要專利以及獨立掌管標準必要專利授權不受結合事業操控而言。「免除擔任特定職務」可解釋為，結合後仍須確保被結合之事業於組織內具有一定之獨立性，結合事業不得完全掌

控被結合事業之人事任免權。而行為面措施所指之「授權
他人使用智慧財產權」則指公平會於結合決定時可針對未
來標準必要專利授權條款為特定之指示，例如要求強制授
權等，此手段雖對於標準必要專利權人之契約自由有一定
之限縮，但因作成 FRAND 承諾時標準必要專利權人即得預
見專利授權範圍並未享有全面之契約自由，故公平會仍得
於結合審查時對標準必要專利未來之授權要求事業結合後
必須為特定之行為。此外，「提供關鍵性設施予他事業」
亦可作為公平會要求結合後事業授權其標準必要專利之依
據，縱使過往學說上對於關鍵設施理論可否適用於智慧財
產權有所爭議，但晚近公平會已於美商高通公司處分案明
文關鍵設施理論可適用於標準必要專利[280]，故以關鍵設施
理論佐以前述條文要求結合後事業必須授權其標準必要專
利，於法有據。再者，因標準必要專利授權有其特殊性，
為確保公平會能有效掌握標準必要專利授權是否發生差別
待遇、不公平之情形並可即時掌握市場標準必要專利授
權、專利權移轉之情形以利後續能有效監督結合決定附款
是否確實履行，建議在個案中加入定時申報與標準必要專
利權移轉、授權相關資料的他種措施。

　　最後，行為面措施「不得為獨家授權、差別待遇」之
部分與 FRAND 承諾可否納入結合審查附款部分相關，本書
於後另述之。

---

[280] 公平交易委員會處分書公處字第 106094 號，頁 55-57。

第二項　FRAND 承諾是否須納入結合審查附款

　　FRAND 承諾之性質雖有所爭議，惟基於第三人利益契約說之見解，FRAND 承諾使標準必要專利權人與標準制定組織間存在一契約，該契約之內容為：「欲使用專利之人可依據公平、合理、無歧視之條件取得標準必要專利之授權」，若違反該約定，欲使用專利之人得以 FRAND 承諾為據，以利益第三人地位訴請標準必要專利權人授權。面臨涉及標準必要專利之結合案件，公平會可否將 FRAND 承諾納入結合決定附款，首先須探討承認 FRAND 承諾已具備民事私法效力下，該承諾是否有必要再納入公平會結合決定書附款中？其次，若要納入 FRAND 承諾，該附款之性質為何？是否具備法律依據？本書以下將以此二面向展開。

第一目　FRAND 承諾納入結合決定附款之必要性

　　FRAND 承諾性質上為標準必要專利權人與標準制定組織成立之契約，而契約原則上僅於雙方當事人間生效，縱認為第三人利益契約，對有利益之第三人具效力，但此處所指之第三人通常為「欲使用標準必要專利之人」，此時市場競爭主管機關是否具備利益第三人地位而得援引契約條款於訴訟中請求標準必要專利權人於國內市場對全體欲使用標準必要專利之人依據 FRAND 承諾授權其專利有所疑義。退步言之，若認為公平會可主張 FRAND 承諾契約具有保護第三人之作用，其依據乃為誠信原則與契約之附隨義

務[281]，此二種概念具模糊性，公平會於個案中亦難以操作，更使訴訟救濟具不確定性。反之，若將 FRAND 承諾納入結合決定書之附款，此時公平會提出結合後事業必須遵守 FRAND 承諾之要約：「若事業欲結合必須作出結合後願意持續遵循 FRAND 承諾之承諾」，經雙方意思表示合致後即生契約效力，此之契約乃成立於公平會與結合事業（標準必要專利權人）間之利益第三人契約，與標準必要專利權人與標準制定組織有別。公平會將「結合事業必須於結合後遵循 FRAND 承諾授權標準必要專利」，添加為結合決定書之附款，用以做為具體證明前述契約存在之證據。

是以，將 FRAND 承諾納入結合決定附款之最重要意義為：在公平會與結合後事業間成立「結合後，結合後事業必須依據 FRAND 承諾授權標準必要專利」之第三人利益契約，目的為與標準必要專利權人與標準制定組織者成立者區別，成為獨立之請求權基礎。有該等契約之存在，公平會針對結合後事業授權標準必要專利違反 FRAND 承諾時，可避免爭執「標準必要專利權人與標準制定組織所為之 FRAND 承諾」對於結合決定書是否有效；再者，於結合決定書中寫明 FRAND 承諾，亦可降低結合後事業爭執「結合審查時並未對公平會作出願意於結合後遵守 FRAND 承諾授權標準必要專利」之舉證困難；最後，若承認公平會與結合事業間存在 FRAND 承諾契約，公平會除自行作成行政處

---

[281] 劉春堂（1985），〈契約對第三人之保護效力〉，《輔仁法學》，4 期，頁 303。

分外，甚至可依據契約違約對標準必要專利權人請求損害賠償，此制度存在一方面可就所取得之賠償金額，扣除相關成本後補償給因結合後事業違反 FRAND 承諾而受有損害之欲使用標準必要專利之人。另一方面，可對結合後事業產生嚇阻效果，因補償金之存在，更提高欲使用標準必要專利之人針對結合後事業違反 FRAND 承諾提出檢舉、提供相關事證之意願。

綜上所述，FRAND 承諾作為結合決定附款之意義為：確認事業於結合後授權標準必要專利時必須公平、合理、無歧視以避免結合後標準必要專利授權對市場競爭、消費者福利產生損害，更確保對於整體經濟之利益大於限制競爭之不利益，欠缺此承諾公平會對於結合後之市場發展規制效果將顯著下滑，故未來面對涉及標準必要專利之結合決定書，公平會應勇於將 FRAND 承諾納入結合決定附款。

第二目　FRAND 承諾作為結合決定附款之法律依據與性質

依據公平法第 13 條第 2 項明文結合決定僅具有「條件」或「負擔」兩種類型之附款。為避免對於結合決定附款性質之爭議，公平會於結合決定納入 FRAND 承諾時，應明文其附款性質；再者，為確保公平會之判斷餘地以及避免負擔可否單獨撤銷之爭議，公平會應將 FRAND 承諾之附款性質定性為條件。由於條件可再細分為停止條件與解除條件，為避免結合決定效力未定，應認為 FRAND 承諾性質為解除條件，結合後事業違反 FRAND 承諾時，原決定即失效，公平會可針對違法結合為相關處置。此外，因 FRAND

承諾為維繫標準必要市場正常運作最重要之要素，故涉及
標準必要專利之結合，若結合後事業不願作成 FRAND 承
諾，公平會為確保市場競爭、消費者福利原則上會禁止結
合，更不應出現單獨撤銷附款後結合仍有效之情形存在，
是以認定 FRAND 承諾之附款性質為條件，使事業針對公平
會將 FRAND 承諾納入結合決定不服，僅得就結合決定全部
提起課予義務之訴，避免前述情事發生，實屬可採。

　　確認 FRAND 承諾納入結合決定之附款可定性為條件
後，FRAND 承諾可否作為具體之救濟手段，因公平交易委
員會對於結合申報案件之處理原則第 14 條第 1 項第 2 款明
文行為面救濟措施可包含「不得為差別待遇」，此部分與
FRAND 承諾中之不可為差別待遇原則完全相同，該款可作
為 FRAND 承諾納入結合決定附加附款之行為性救濟手段。
綜上所述，FRAND 承諾可依據公平法第 13 條 2 項、公平
交易委員會對於結合申報案件之處理原則第 14 條第 1 項第
2 款添加為結合決定附款。

第六節　落實標準必要專利結合的事後監督

第一項　作成同意具有標準必要專利的事業結合
　　　　決定書後公平會之監督措施

　　公平法第 39 條第 1 項涉有違反結合決定附款之準則性
規定，公平會並未針對事後監督頒布任何行政規則或函

釋，且過往未曾發生公平會實際於結合後以違反結合決定附款為由採取之作為。此外，目前公平會事後監督並不存在任何準則性規定而使事後監督窒礙難行，故公平會應主動公布與結合決定事後監督相關之規範，使事業可預見違反結合決定附款可能遭受之待遇，產生嚇阻效果。然而，縱使空有準則，並未實際履行監督，將會使結合決定附款淪為沒有牙齒的老虎，使具有標準必要專利事業縱使違反結合決定附款，亦不會受制裁，此種情形對市場發展嚴重不利，亦會鼓勵具有標準必要專利事業於結合申報時任意開出形式上完美但實質上無法達成之芭樂票，欺騙公平會以加速獲得不予禁止結合決定，故事後監督機制有其必要性，實乃公平會之「牙齒」。故本書試論公平會作成不予禁止具有標準必要專利事業的結合決定後，對於結合後事業違反結合決定所添加之附款時，公平會具備何等武器可有效矯正市場運作。

過往監督機制多為法律上可以且有實質違反效果，但確無法實際落實之情形，理論上公平會可因為收到檢舉而知悉違反結合決定附款之情況，但因標準必要專利不取得授權就無法進入市場之特性，導致專利被授權人寧可多付一些授權金，也不要因為檢舉被標準必要專利權人惡意拒絕授權，此種情形下將使檢舉發生可能性更低，公平會更難窺探具有標準必要專利事業於結合後是否有履行結合決定附款。故為達有效監督，公平會必須時時主動掌握標準必要專利權人於結合後移轉或授權標準必要專利之情形，是以，結合後事業定時申報與標準必要專利移轉、授權相

關之資訊具重要性。公平會於收到結合事業申報後，必須嚴格檢視結合後事業行使標準必要專利之權利時，是否違反結合決定附款，產生損害市場競爭、違反 FRAND 承諾之不利情形。

　　若公平會檢視前述申報、自行調查或接獲檢舉，發現具有標準必要專利事業於結合後違反不予禁止結合決定之附款，因原結合決定書的性質為行政處分，若認附款之性質為條件，未履行條件結合決定溯及失效，事業即屬違法結合；若認原決定附款性質為負擔，公平會除可依據公平法第 39 條作成禁止結合之決定外，更可依據行政程序法第 123 條之規定廢止原決定，使事業成為違法結合。

　　因標準必要專利技術上不可迴避特性，確認為違法結合後，公平會依據公平法應使用結構性措施作為矯正手段，故可命事業移轉標準必要專利權、將標準必要專利授權部門為新設分割、將標準必要專利為開放授權、甚至要求將標準必要專利專屬授權於第三方獨立機構依據 FRAND 承諾授權他人等。除此之外，必須針對該事業裁處罰鍰。

　　再者，依專利法第 87 條第 2 項第 3 款，[282]於公平會認

---

[282] 專利法第 87 條第 2 項：

　有下列情事之一，而有強制授權之必要者，專利專責機關得依申請強制授權：

　一、增進公益之非營利實施。

　二、發明或新型專利權之實施，將不可避免侵害在前之發明或新型專利權，且較該在前之發明或新型專利權具相當經濟意義之重要技術改良。

　三、專利權人有限制競爭或不公平競爭之情事，經法院判決或行政院公平交易委員會處分。

定具有限制競爭、不公平競爭之情形時，可申請專利強制授權。故除以公平法為事後監督依據外，公平會於具有標準必要專利事業結合後，若該事業於結合後未履行結合決定附款，公平會主動作成強制授權處分，亦成為事業違法結合決定附款時行為面矯正措施可選擇手段之一。

最後，確認公平會於具有標準必要專利事業結合後違反附款可採取之監督措施後，本書具體討論將「FRAND 承諾」納入結合決定附款後，若結合後事業授權其標準必要專利違反 FRAND 承諾時，該行為對於原結合決定之影響。

第二項　違反 FRAND 承諾對於結合決定之影響

依據公平法第 39 條第 1 項，[283]未履行結合決定書附款公平會可採取相關措施，諸如禁止結合、分拆事業、處分資產、轉讓部分營業等。欲採取該等措施之大前提，必須為結合後事業「未履行結合決定附款」，是以若將 FRAND 承諾納入結合決定書之附款中，未履行 FRAND 承諾即可能構成前述之「未履行結合決定附款」，而對結合決定效力有所影響。

若公平會已依據公平法第 13 條第 2 項將 FRAND 承諾

---

[283] 公平交易法第 39 條第 1 項：
　　事業違反第十一條第一項、第七項規定而為結合，或申報後經主管機關禁止其結合而為結合，或未履行第十三條第二項對於結合所附加之負擔者，主管機關得禁止其結合、限期令其分設事業、處分全部或部分股份、轉讓部分營業、免除擔任職務或為其他必要之處分，並得處新臺幣二十萬元以上五千萬元以下罰鍰。

納為結合決定附款，於結合後事業違反 FRAND 承諾時，當然構成未履行結合決定附款，公平會可依據公平法 39 條為相關措施以確保市場競爭、消費者福利。

然而，除由公平會採取相關救濟措施之外，違反 FRAND 承諾對於結合決定本身之效力則須視結合決定附款之性質而定，若公平會將 FRAND 承諾定性為負擔，依通說見解負擔得獨立於原決定外撤銷，故除訴訟中一併撤銷原決定或公平會命禁止結合外，否則已存在的結合決定仍然有效，事業之結合仍然合法。若採取解除條件說之見解，結合事業於違反 FRAND 承諾時解除條件成就，原決定失效，事業之結合即屬違法。

第七節　斟酌標準必要專利事業結合審查模式的建立與否

分析微軟/諾基亞案公平會決定書與相關法院判決後，本書發現公平會、法院仍以傳統模式為結合審查，並未針對具有標準必要專利事業的結合開闢獨特之審查模式。再者微軟/諾基亞案發生迄今已超過 8 年，涉及標準必要專利的結合於該案後未曾在我國發生，公平會亦未針對與標準必要專利事業相關的結合公佈任何行政規則或函釋，並未建立任何新的審查標準。但未來是否需針對所有產業之標準必要專利僅因標準必要專利因其技術上無法迴避、為進入特定市場之特性，是否須建立獨特之審查模式，實足深

思。

　　建立特殊審查模式建立與否，一種因素取決於我國產業政策之走向。若如同歐美採取放任技術競爭、保護專利權人之立場，因專利權本身就具備獨占特性，標準必要專利並不具備太多外加的濫權可能性，故不需於結合審查階段擔心，透過市場競逐過程中價格自然會導正，回復到合理狀況，縱使難以導正，事後透過獨占濫用規制即可，不應於市場發展階段即介入規制，過度干涉市場；反之，若如同南韓、中國大陸採取降低技術授權成本、保護被授權人之立場，標準必要專利授權會嚴重影響市場毛利率、該國廠商永續發展之可能性，此時因標準必要專利技術上不可迴避特性而事前積極介入、建立與其他結合不同之審查手段就具有必要性。

　　我國仍未完全走向技術領導地位，短時間我國廠商仍以實施標準必要專利為主，故為保障我國廠商之競爭力，本書贊同針對標準必要專利建立獨特之結合審查標準，審查重點已如前文所述，必須注意標準必要專利結合型態納入獨家授權、專屬授權、FRAND 承諾之影響以及是否須將標準必要專利權人納入結合審查，並注意不同結合型態下各自之審查重點。更重要的是，公平會必須善用結合決定附款，積極的要求具有標準必要專利事業於結合後必須為相關文件申報，更將 FRAND 承諾納入結合決定附款且定性性質為「條件」，以減少事後對於原決定效力與附款之爭執。此外，更應主動於事後監督具有標準必要專利事業是否履行結合決定附款，並於違反 FRAND 承諾時採取分拆事

業、標準必要專利開放式授權、甚至作成強制授權處分等手段，以降低市場損害、維護消費者福利。

第六章 結論

　　標準化、規格化成為勢不可擋的趨勢。然而，在享受技術標準所帶來的便利時，是否統一技術使市場競爭在無形中消逝？消費者進而接受過高價格之產品仍渾然不覺？故專利法與公平法競合適用有探討必要性。本書以標準必要專利與 FRAND 承諾之互動為核心，點出過往僅重視標準必要專利權人濫用專利後「獨占」事後規制有所不足，而應於具有標準必要專利企業為併購時，以結合審查為事前規制。

　　微軟/諾基亞案為我國公平會難得審理具有標準必要專利事業結合之案例，該案中公平會於當時 FRAND 承諾探討為數不多時仍勇於將 FRAND 承諾納入結合負擔，結果論上值得嘉獎，然而決定書具體理由論述上仍有所不足。經由分析該案公平會決定書、法院判決，本書發現我國公平會、法院對於「標準必要專利權移轉或授權是否屬於主要營業、財產之讓與或出租」、「標準必要專利銷售額認定方式」、「標準必要專利權人是否須納入結合審查對象」、「FRAND 承諾於結合決定書附款之性質、意義與效力」論述有所不足，故針對上述爭點進一步分析。

　　本書認為，標準必要專利獨具之特殊性必須於結合審查納入考量，其中重中之重為「標準統一後，技術上難以

迴避」對結合審查之影響。在釐清標準必要專利事業結合態樣層次，本書梳理具有標準必要專利事業為企業併購時，該行為本質上即屬結合，不因該事業具有標準必要專利而有所不同之情形（如直接取得具有標準必要專利事業資本額超過三分之一）。

爾後論述「標準必要專利權之移轉或讓與、授權」是否構成公平法上出租或移轉主要營業或財產：本書主張須依據授權型態區分，若標準必要專利為專屬／獨家授權，因標準必要專利權人於授權後已不得再授權該專利，故與一般財產出租並無差異，故屬符合出租要件。至於標準必要專利是否構成主要營業或財產，本書試圖於「質與量分析」納入專利評價觀點。標準必要專利權之移轉或讓與或專屬／獨家授權價值占達資產負債表總額無形資產總額30%，即具備「質」性上重要；若標準必要專利權之移轉或讓與或專屬／獨家授權價值達資產負債表之資產總額10%，即具備「量」性上重要，推定屬於主要營業財產。

確認標準必要專利權之移轉或讓與、授權為公平法意義之結合後，公平會若要進行結合審查，結合事業必須市場占有率或銷售額達特定標準。在市場占有率的判斷，本書認為若標的標準必要專利已屬於主要營業財產，且標準必要專利所適用的「標準」本身若在市場上市占率已超過50%，此時符合標準已成為進入市場的必備要件，個別標準必要專利成立單獨市場，並享有 100%之市占率，原則上超過市占率法定要件，應為結合申報、審查。關於銷售額之判斷，計算範圍應僅限於與結合標的相關之標準必要專

利授權金以及使用該標準必要專利產品扣除不屬於結合標準必要專利價值外之部分。除此之外，本書更針對具有標準必要專利事業不同類型之結合，分別提出各種型態公平會審查之重點。

本書認為需從產業政策角度、結合標準必要專利是否屬於主要營業或財產、移轉或授權標準必要專利後 FRAND 承諾之拘束對標準必要專利權人具備實質意義與否等面向，分析是否須將標準必要專利權人納入結合審查對象，並點出微軟/諾基亞案作成當時，我國在通訊產業多為專利被授權人，公平會將 FRAND 承諾納入不予禁止結合負擔有其時代上意義，但未來是否在具有標準必要專利事業的結合仍採取此種處理模式，仍應思考我國產業政策以保護「專利權人」或「專利被授權人」何者為主，並於將標準必要專利權人納入結合審查與否做出適當之調適。

為避免結合後產生限制市場競爭大於總體經濟利益之後果，結合決定附款之添加與事後監督具重要性，故本書具體討論公平會於審理具有標準必要專利事業的結合時，應如何添加條件或負擔。附款性質上，為避免事後爭議，宜定性為條件，具體手段應採取結構面措施為主、行為面措施為輔的原則，以保障市場競爭與消費者福利。話鋒一轉，本書提到 FRAND 承諾是否須納入結合決定附款，並認為 FRAND 承諾納入附款最主要之意義為使公平會與標準必要專利權人成立 FRAND 授權契約，使 FRAND 承諾具備我國民事法效力，可作為決定後若標準必要專利權人授權違反 FRAND 承諾時，公平會規制該等行為之依據，降低標準

必要專利權人與標準制定組織做成之 FRAND 承諾不得作為公平會裁罰依據之爭議。

決定書添加之條件、負擔縱使再多、再漂亮，公平會於決定後若不有效監督，附款都僅具有文書上歷史意義，並不會產生保障消費者福利之效果，況且標準必要專利技術上無法迴避之特性對市場影響重大，公平會更須積極維護市場。故本書提出，公平會對結合後事業提出與標準必要專利相關之申報，必須謹慎分析判斷是否有違反 FRAND 承諾之疑慮，並應主動調查，甚至依據公平法第 39 條針對違反 FRAND 承諾之結合後事業為相應之處置（如強制分割公司、強制授權標準必要專利、撤銷或廢止原決定）。

文末探討我國是否需針對具有標準必要專利事業的結合制定特別審查模式，本書認為仍須由產業政策出發，現階段我國仍屬於標準必要專利實施方為主的產業導向，標準必要專利與普通專利權具根本上性質差異，故應建立獨特之審查模式。該審查模式下，必須特別重視具有標準必要專利事業的行為是否屬於結合、標準必要專利授權的特殊性、不同結合類型下各自之審查重點，更必須將 FRAND 承諾納入結合決定附款並定性為條件以及要求定期針對標準必要專利授權或標準必要專利權移轉或讓與為申報，並於結合後事業違反 FRAND 承諾時，主動出擊，採取維護市場競爭的事後監督手段。

鑑於標準必要專利紛爭涉及技術、專利法、競爭法的高度複雜性，且標準必要專利事業與公平法結合審查之互動討論甚少，本書提供之看法或許未能面面周到，但望能

拋磚引玉，引領更多人注意標準必要專利與競爭法之紛爭
不僅限於獨占而已。

參考文獻

中文期刊論文

王立達（2018），〈標準必要專利權行使之國際規範發展與比較分析──FRAND 承諾法律性質、禁制令、權利金與競爭法規制〉，《月旦法學》，275 期，頁 87-110。

王志誠（2004），〈跨國性併購：政策與法律〉，《國立臺灣大學法學論叢》，33 卷 4 期，頁 205-265。

王志誠（2005），〈營業讓與之法制構造〉，《國立中正大學法學集刊》，19 期，頁 147-200。

石世豪（2017），〈目的事業參與結合之多重管制問題及其制度革新芻議──以通訊傳播領域為例〉，《公平交易季刊》，25 卷 2 期，頁頁 55-90。

李素華（2001），〈專利及專門技術授權與公平法規範──研析審理技術授權協議案件處理原則〉，《智慧財產權月刊》，31 期，頁 3-36。

李素華（2008），〈專利權行使與公平交易法──以近用技術標準之關鍵專利為中心〉，《公平交易季刊》，16 卷 2 期，頁 85-121。

邱敬淵，李素華（2019），〈市場封鎖經濟效果之研

究——以競爭法規範下之垂直封鎖為中心〉，《公平
交易季刊》，27 卷 4 期，頁 157-210。

洪珮瑜（2014），〈專利讓與及授權實務〉，《萬國法
律》，194 期，頁 25-32。

胡博硯（2017），〈從中嘉案論行政處分附款的合法性與
容許性〉，《國會季刊》，45 卷 1 期，頁 1-28。

范曉玲（2013），〈剪不斷，理還亂？——評釋新專利法
對專利授權之修正〉，《萬國法律》，187 期，頁 2-
10。

馬泰成（2017），〈公平交易通訊〉，《公平交易通
訊》，77 期，頁 1-5。

馬泰成（2018），〈結合管制：效率與公平間之取捨〉，
《臺大管理論叢》，28 卷 3 期，頁 177-203。

張永明（2010），〈行政處分附款之救濟〉，《月旦法學
教室》，89 期，頁 14-15。

張甘穎（2014），〈結合審查基準之研究——以統一與維
力結合案為例〉，《公平交易季刊》，22 卷 4 期，頁
33-79。

曹惠雯（2014），〈公平會核准 Microsoft 及 Nokia 域外結
合案〉，《公平交易委員會電子報》，5 期，頁 1-2。

盛子龍（2001），〈行政處分附款之行政爭訟〉，《中原
財經法學》，6 期，頁 1-31。

莊弘鈺（2019），〈事業結合管制之專利權考量——最高
行政法院 105 判 403 號判決評析〉，《臺灣法學雜
誌》，380 期，頁 129-140。

莊弘鈺，林艾萱（2019），〈標準必要專利競爭法管制之分與合：兼論我國高通案處分〉，《公平交易季刊》，27 卷 1 期，頁 1-50。

許祐寧（2018），〈標準必要專利與反托拉斯之成果運用法制——以高通案為例〉，《科技法律透析》，30 卷 8 期，頁 42-69。

陳乃華（2010），〈專利權評價模式之實證研究〉，《臺灣銀行季刊》，61 卷 2 期，頁 269-281。

陳幼宜（2017），〈臺灣結合矯正措施〉，《萬國法律》，212 期，頁 51-60。

陳志民、陳和全（2013），〈「結合矯正措施」制度之一項功能性導向的理解架構〉，《公平交易季刊》，21 卷 1 期，頁 1-65。

陳威霖，林殿琪（2001），〈無形資產之鑑價方法——以專利或技術鑑價為核心〉，《智慧財產》，39 期，頁 56-62。

陳皓芸（2017），〈標準必要專利權之行使、權利濫用與獨占地位濫用〉，《公平交易季刊》，25 卷 1 期，頁 81-130。

馮震宇（2017），〈專利授權契約之類型與解除〉，《月旦法學教室》，176 期，頁 35-37。

黃惠敏（2016），〈標準必要專利與競爭法之管制——以違反 FRAND/RAND 承諾為中心〉，《中原財經法學》，36 期，頁 171-243。

黃銘傑（2017），〈公平交易法結合管制之問題點與盲

點——以結合類型與實體規範要件為中心〉，《公平
　　交易季刊》，25 卷 2 期，頁 29-54。

楊宏暉（2015），〈論 FRAND 授權聲明之意義與性質〉，
　　《月旦民商法雜誌》，50 期，頁 67-86。

楊智傑（2018），〈高通行動通訊標準必要專利授權與競
　　爭法：大陸、南韓、歐盟、美國、臺灣裁罰案之比
　　較〉，《公平交易季刊》，26 卷 2 期，頁 1-54。

楊麗娜（2015），〈從遊戲橘子併購案論事業結合之規
　　範——以公平交易法為核心〉，《中央警察大學法學
　　論集》，28 期，頁 93-115。

詹鎮榮（2011），〈行政處分附款法制之傳統與革新——
　　從公平交易法上之結合管制出發〉，《公平交易季
　　刊》，19 卷 4 期，頁 1-57。

劉孔中（2020），〈從沒有準備處理、不能處理到不願處
　　理標準必要專利 FRAND 授權問題〉，《月旦法學》，
　　296 期，頁 173-188。

劉江彬，張孟元（2001），〈「技術及專利」價值評估模
　　式之研究〉，《臺大管理論叢》，12 卷 1 期，頁 37-
　　83。

劉春堂（1985），〈契約對第三人之保護效力〉，《輔仁
　　法學》，4 期，頁 291-312。

劉連煜（2001），〈讓與主要部分營業或財產之判斷基
　　準〉，《臺灣本土法學雜誌》，29 期，頁 114-121。

謝國松（2016），〈無形資產之辨認、評價程序與方
　　法〉，《會計研究月刊》，363 期，頁 92-99。

謝銘洋（1993），〈契約自由原則在智慧財產權授權契約中之運用及其限制〉，《國立臺灣大學法學論叢》，23卷1期，頁309-330。

D. J. Kappos（著），理律法律事務所（譯）（2016），〈「真正」的創新經濟——揭穿智慧財產與競爭法交會之迷思〉，《智慧財產權月刊》，210期，頁77-97。

中文專書

工業技術研究院（編）（2009），《智慧財產流通運用計畫／工業技術研究院受委託》，經濟部工業局。

公平交易委員會編著（編）（2019），《認識公平交易法》，18版，臺北市：公平交易委員會。

王銘勇（2014），〈標準必要專利與競爭法〉，收於：公平交易委員會（著），《第21屆競爭政策與公平交易法學術研討會論文集》，頁33-64，臺北市：公平交易委員會。

胡祖舜（編）（2019），《競爭法之經濟分析》，初版，臺北市：元照。

廖義男（編）（2003），《公平交易法之註釋研究系列／廖義男計畫主持；何之邁等共同主持》，臺北市：行政院公平交易委員會。

彭火樹（編）（2018），《無形資產評價管理師中高級能力鑑定：無形資產評價》，臺北市：財團法人臺灣金

融研訓院。

中國大陸判決與處分

中華人民共和國商務部 2014 年第 24 號關於附加限制性條件批准微軟收購諾基亞設備和服務業務案經營者集中反壟斷審查決定的公告。

中華人民共和國國家發展和改革委員會行政處罰決定書發改辦價監處罰[2015]1 號。

中文網路資料

公平交易委員會（2016），〈事業結合應向公平交易委員會提出申報之銷售金額標準及計算方法〉，載於：https://www.ftc.gov.tw/internet/main/doc/docDetail.aspx?uid=1402&docid=14901。

中文新聞

梁世煌（2016），〈鴻海再下一城 115 億買下 Nokia〉，載於：https://www.chinatimes.com/newspapers/20160519000929-260303?chdtv。

我國判決與處分

公平交易委員會（88）公法字第 03543 號。

公平交易委員會處分書公處字第 106094 號。

公平交易委員會結合案件決定書公結字第 103001 號。

行政院公平交易委員會結合案件決定書公結字第 100002 號。

行政院決定書院臺訴字 1030148908 號。

最高行政法院 102 年判字第 256 號行政判決。

最高行政法院判決 105 年度判字第 403 號。

最高法院 103 年臺上字第 797 號民事判決。

最高法院 87 年臺上字第 1998 號民事判決。

智慧財產法院行政判決 100 年度行公訴字第 3 號。

經濟部臺稅一發字第 0910453964 號。

臺北高等行政法院判決 103 年度訴字第 1858 號。

臺北高等行政法院判決 103 年度訴字第 1874 號。

美國判決與法規

Federal Register/Vol. 78, No. 241/Monday, December 16, 2013/Notices, 76148.

15 U.S.C. Sec. § 18a,（2002）.

Microsoft Corp. v. Motorola, Inc., 871 F.Supp.2d 1089,（2012）.

Antitrust Guidelines for the Licensing of Intellectual Property,（2017）.

Ftc v. Qualcomm Inc., 2018 U.S. Dist. LEXIS 190051,（2018）.

FTC v. Qualcomm Inc., 2019 U.S. Dist. LEXIS 86219, （2019）.

國際組織報告書

ICN Merger Working Group: Analytical Framework Subgroup.
（2005）. MERGER REMEDIES REVIEW PROJECT. Retrieved
from https://www.internationalcompetitionnetwork.org/wp-content/
uploads/2018/05/MWG_RemediesReviewReport.pdf

Organisation for Economic Co-operation and Development DIRECTORATE
FOR FINANCIAL AND ENTERPRISE AFFAIRS COMPETITION
COMMITTEE. （2019）. Licensing of IP rights and competition
law – Note by the EU.

Organisation for Economic Co-operation and Development DIRECTORATE
FOR FINANCIAL AND ENTERPRISE AFFAIRS COMPETITION
COMMITTEE. （2019）. Licensing of IP rights and competition law–
Note by the United States.

歐盟決定書與法規

Council Regulation （EC） No 139/2004, （2004）.

Commission Consolidated Jurisdictional Notice under Council Regulation
（EC） No 139/2004 on the control of concentrations between
undertakings, （2008）.

Guidelines on the applicability of Article 101 of the Treaty on the Functioning
of the European Union to horizontal co-operation agreements, （2011）.

Case No COMP/M.6381 - GOOGLE/ MOTOROLA MOBILITY, Commission decision of 13 February 2012.

Case No COMP/M.7047 - MICROSOFT/ NOKIA,Commission decision of 4 December 2013.

英文網路資料

European Commission. （2013, 2013/12/4）. Mergers: Commission clears acquisition of Nokia's mobile device business by Microsoft. Retrieved from https://ec.europa.eu/commission/presscorner/detail/en/IP_13_1210

European Telecommunication Standard Institute. （2020）. Why standards. Retrieved from https://www.etsi.org/standards/why-standards

European Telecommunications Standards Institute. （2020）. ETSI Intellectual Property Rights Policy. Retrieved from https://www.etsi.org/images/files/IPR/etsi-ipr-policy.pdf

Federal Trade Commission. （2013, 2013/12/2）. 20140115: Microsoft Corporation; Nokia Corporation. Retrieved from https://www.ftc.gov/enforcement/premerger-notification-program/early-termination-notices/20140115

Federal Trade Commission. （2020, 2020/2/27）. Revised Jurisdictional Thresholds for Section 7A of the Clayton Act. Retrieved from https://www.regulations.gov/document?D=FTC-2020-0009-0001

IEEE Standatds Association. （2019）. WHAT ARE STANDARDS. Retrieved from https://standards.ieee.org/develop/develop-standards/overview.html

LANNING G. BRYER and SCOTT J. LEBSON. （2003）. INTELLECTUAL
    PROPERTY ASSETS IN MERGERS & ACQUISITIONS. Retrieved from
    https://www.wipo.int/export/sites/www/sme/en/documents/pdf/mergers
    .pdf

Microsoft News Center. （2013, 2013/9/13）. Microsoft to acquire Nokia's
    devices & services business, license Nokia's patents and mapping
    services. Retrieved from https://news.microsoft.com/2013/09/03/micro
    soft-to-acquire-nokias-devices-services-business-license-nokias-patents-
    and-mapping-services/

Nokia Corporation. （2014, 2014/4/25）. Nokia completes sale of
    substantially all of its Devices & Services business to Microsoft.
    Retrieved from https://www.nokia.com/about-us/news/releases/2014/
    04/25/nokia-completes-sale-of-substantially-all-of-its-devices-
    services-business-to-microsoft/

英文新聞

Kim Yoo-chul. （2015, 2015/2/5）. FTC conditionally approves Microsoft
    -Nokia deal. Korea Times.

附　　錄

一、我國、美國、歐盟及中國大陸結合申報條件比較表

表格 3　我國、美國、歐盟及中國大陸結合申報條件比較表

我國、美國、歐盟及中國大陸結合申報條件比較表 （著重於與銷售額相關）				
	我國	美國	歐盟	中國大陸
判斷標準	銷售額、持有或取得有表決權股股份或資本額達三分之一	持有資產或股份價值	銷售額	銷售額
國際銷售額標準	400 億新臺幣	結合後持有股份或資產達 3.76 億美元即需申報	25 億歐元	100 億人民幣
國內銷售額標準	金融業：300 億新臺幣 非金融業：150 億新臺幣	判斷重點為「結合後持有的資產或證券價值達特定數額」，如下列情形：	在 3 個會員國內銷售額達 1 億歐元在 3 個以上歐盟會員國內是否皆有兩家以上結	20 億人民幣

		結合後持有資產或股份達 3.76 億美元 結合後收購方將持有被收購方有價證券和資產總額介於 9.4 千萬美元至 3.76 億美元且被收購方年銷售額達 1.88 千萬美元或收購方銷售額達 1.88 億美元 收購方年度銷售額或資產達 1.8 千萬美元且被收購方年銷售額或資產達 1.88 億美元	合參與事業銷售額超過 2500 萬歐元 少兩家結合參與事業在歐盟境內銷售額達 1 億歐元	
過小銷售額排除申報條款	被結合者國內銷售額未達 20 億新臺幣	結合後持有資產或證券價值未達 9.4 千萬美元	個別參與結合事業有三分之二銷售額在單一會員國內	參與結合事業在中國大陸境內營業額未超過 4

				億人民幣
特色	特別針對金融業為不同數額規定	以結合後持有資產或股份價值為判斷標準中特別提到製造業	因有多個會員國，有針對複數會員國為不同規定	特別針對金融業銷售額計算方式為規定

二、我國微軟/諾基亞公平會結合決定書摘要表

表格 4　我國微軟/諾基亞公平會結合決定書摘要

我國微軟/諾基亞公平會結合決定書摘要	
作成時間	2014/2/19
審查依據	1. 微軟公司受讓「諾基亞公司之裝置、服務部門」，符合「受讓他事業全部或主要部分之營業或財產」，為公平法所規範之結合。此外，微軟公司 Windows 作業系統之市占率符合公平法第 11 條第 1 項第 2 款「市場占有率超過四分之一」以及符合同項第 3 款「上一年度銷售額達主管機關公告金額」，故公平會可就其為結合審查。 2. 諾基亞公司屬讓與事業，雖其因將智慧型裝置製造、服務部門出售而退出行動裝置製造市場，仍屬於參與結合事業。此外，諾基亞公司銷售額「在我國境內前一會計年度超過同項第 3 款「中央主管機關所公告之金額」，故公平會可就其為結合審查。
相關產品市場	1. 智慧型行動裝置作業系統市場。 2. 智慧型行動裝置市場。 3. 與前述二項產品有關之專利授權市場。
相關地理市場	1. 以我國市場為審查重點。
市場分析	1. 微軟公司 Windows Phone 國內市場占有率為 2.2%-3.9%。 2. 諾基亞公司國內智慧型手機市占率低於

	5%。 3. 微軟公司 EAS 通訊協定以及諾基亞公司之行動通信標準相關無線專利缺少可完全替代之專利技術。
結合型態	1. 結合前微軟公司之業務為開發、授權 Windows Phone 作業系統；諾基亞公司為生產行動裝置。 2. 兩公司業務無水平重疊之處，故為垂直結合。
限制競爭評估重點	1. 結合後是否產生市場封鎖效果。
限制競爭評估：微軟公司 Windows Phone 作業系統專利授權部分	1. 微軟公司 Windows Phone 作業系統國內市占率僅有 2.2%，且市場上仍有 Android 作業系統可選擇，微軟公司無法藉由拒絕授權 Windows Phone 作業系統、提高授權金或給予差別性待遇封鎖競爭者進入市場。再者，微軟公司收購諾基亞公司行動裝置製造部門之目的為提升 Windows Phone 作業系統市占率，更無理由以拒絕授權將他人排除於 Windows Phone 作業系統外。
限制競爭評估：微軟公司 Android 作業系統專利授權部分	1. 微軟公司是否會提高 Android 作業系統專利授權金取決於 iOS 系統的競爭壓力，因此結合後微軟公司未必能在市場上取得獨占地位。 2. 結合後微軟公司具備智慧型裝置生產部門，降低對產品製造商之依賴，仍有誘因提高 Android 相關專利授權金之誘因，透過提高 Android 作業系統取得成本使 Android 產品價格上升，並鼓勵下

	游廠商改用 Windows Phone 作業系統，傷害市場競爭以及減損消費者福利，故要求微軟公司不得對 Android 作業系統相關專利授權為「不當價格決定或差別待遇」。
限制競爭評估：微軟公司 EAS 協定專利授權部分	1. 微軟公司已於 2008 年開放該協定免費為公眾取得，且大多數智慧型裝置都已取得長期授權無法由微軟公司單方提高授權金。再者，市場上仍有其他通訊協定可替代，微軟無法進行市場封鎖而損害競爭。
限制競爭評估：諾基亞公司行動裝置專利部分	1. 結合後諾基亞公司可能提高標準必要專利授權金，使得市場上之行動裝置售價提高，產生限制競爭不利益。 2. 為避免限制競爭不利益之發生，公平會要求諾基亞公司於結合後「於標準必要專利授權時須持續符合 FRAND 承諾」、「移轉標準必要專利時須確保受讓人受讓後仍依據 FRAND 承諾授權」。
效率及經濟利益評估	1. 公平會認為結合帶來之效率提升難以驗證，但參酌過往谷歌公司與摩托羅拉公司結合後始 Android 作業系統市占率顯著提升之經驗，顯示智慧型行動裝置製造產業與智慧型行動系統產業結合垂直結合可產生降低價格、提高品質、促進創新，提升市場競爭，最終反映在消費者利益。 2. Windows Phone 作業系統市占率若上升，可使應用程式除 Android、iOS 作業

	系統外，有第三個平臺上架，促進行動裝置作業系統生態系統間競爭。
附款	1. 公平會明文本件所添加之附款性質為「負擔」。 2. 負擔一：Microsoft（微軟公司）不得於與智慧型行動裝置相關之專利授權為不當之價格決定或差別待遇，妨礙智慧型行動裝置製造商自由選擇行動作業系統。 3. 負擔二：Nokia（諾基亞公司）對於標準必要專利之授權，應持續遵守公平、合理及無差別待遇（FRAND）原則。Nokia（諾基亞公司）若將標準必要專利讓與他事業，應確保受讓事業於授權時遵守前述之原則。
結論	本結合案無顯著改變相關市場結構以及無顯著減損市場競爭，故我國公平會作成附帶負擔結合決定書

三、我國微軟/諾基亞案行政院訴願決定書摘要表

表格 5　我國微軟/諾基亞案行政院訴願決定書摘要

我國微軟/諾基亞案行政院訴願決定書摘要	
決定作成時間	2014/10/13
微軟公司主張	1. Windows Phone 作業系統以及諾基亞公司智慧型裝置市占率低，結合後不足以影響行動裝置作業系統市場及行動裝置市場。 2. 於本結合微軟公司受讓諾基亞公司行動裝置之營業與設計專利，與行動裝置專利授權無關，遑論改變授權行為以改變行動裝置專利授權市場。 3. 微軟公司結合後生產智慧型裝置必須與其他專利所有人為交叉授權，不可能單方提高專利授權金。 4. 微軟單方面提高 Android 相關專利授權金，無法促使相關製造商轉用市占率低的 Windows Phone 作業系統，更可能促使該等廠商轉用 iOS 作業系統，因此微軟公司無誘因提高 Android 相關專利授權金。 5. Android 以及 EAS 相關專利並非標準必要專利，公平會逕自認為微軟公司因該等專利具有市場力量，欠缺法源依據。 6. 公平會未於原決定書說明微軟公司結合後將於我國專利授權產生何等差別待遇

	或不當價格決定。
	7. 中國大陸商務部於本結合案作成之限制性條件乃針對專利授權金部分，與公平會添加者有所不同。
	8. 微軟公司之標準必要專利因與標準制定組織成立之第三人利益契約而附有FRAND授權義務，公平會無需額外添加負擔；若為非標準必要專利，公平會仍可於結合後有違法情事時根據公平法為相關處分，故原決定無須添加負擔。
	9. 公平會將公平法禁止行為添加於原決定書附款，違反不當連結禁止原則。
針對微軟公司之主張公平會之抗辯	1. 公平會結合審查範圍不限於「結合標的或讓與財產」。
	2. 參酌南韓、中國大陸於本結合案對於市場影響之判斷，因該二國之市場情形與我國類似，可佐證結合後將影響我國行動裝置製造市場，故添加負擔有理由。
	3. Android 作業系統市占率高達 7 成且為微軟公司重要營收來源，顯示微軟公司於相關專利授權市場有市場力量，結合後微軟公司有誘因且具備能力調升 Android 作業系統、EAS 協定相關專利之授權金，促使下游製造商改用 Windows Phone 作業系統。
	4. 若結合後微軟公司提高相關專利授權金，將使我國廠商競爭力下滑，不利我國產業政策、國際競爭。
	5. 中國大陸商務部附帶限制性條件通過本結合案，可為比較法依據，證明微軟結

	合後可能透過專利授權影響智慧型行動裝置製造商競爭，故原決定書添加附款具正當性。 6. 若放任微軟公司於結合後可針對專利為差別待遇、不當價格決定，將使我國行動裝置製造商無法與來自中國大陸之廠商競爭。 7. iOS 並未授權 iPhone 外手機使用，與 Android 可類比之行動裝置作業系統僅有 Window Phone 作業系統，微軟公司毋庸擔憂結合後被授權人可取得其他作業系統授權而喪失市場份額。 8. 提升相關專利授權金，可使微軟公司產生提升 Windows Phone 市占率、削弱 Android 競爭力、增加授權金收入之利益，故公平會以結合決定附款避免之。
諾基亞公司主張	1. 公平法結合審查對象僅限於受讓事業，原決定書將諾基亞公司納入審查對象於法無據。 2. 本結合案未涉及標準必要專利權移轉，基於契約自由，未來標準必要專利之授權不應納入結合審查附款。 3. 若未來諾基亞公司授權標準必要專利時違反 FRAND 承諾，公平會可在依據獨占相關規定為處分，原決定書將 FRAND 承諾納入附款，違反不當連結禁止原則。
針對諾基亞公司之主張公平會之抗辯	1. 讓與事業仍為結合參與事業且結合後將使市場競爭之「誘因與能力」改變，仍屬整體經濟利益、限制競爭之審查範

	圍。 2. 諾基亞公司於結合後因不自行生產智慧型行動裝置而無需與其他專利權人為標準必要專利交叉授權，具備單方提高專利授權金、不受制衡之能力，可控制市場價格。 3. FRAND承諾僅需將標準必要專利轉讓他人即可迴避。 4. 中國大陸商務部於本結合案所添加之限制性條件亦納入 FRAND 承諾，可為比較依據認定本結合案納入諾基亞公司之專利授權具備合理關聯，更有添加負擔之必要。 5. 諾基亞公司既認為 FRAND 承諾模糊，如何具備遵守該承諾之能力？ 6. 標準制定組織並非公權力，制裁效果有限，公平會若不介入使諾基亞公司可提高專利授權金，將損害市場競爭以及消費者福利。
行政院之訴願 決定	完全採納公平會之抗辯認定訴願無理由

四、微軟/諾基亞案臺北高等行政法院見解摘要表

表格 6　微軟/諾基亞案臺北高等行政法院見解摘要

微軟/諾基亞案臺北高等行政法院見解摘要	
判決日期	2015/6/25
法院認定之事實	1. 微軟公司於結合後受讓諾基亞公司大部分營業與資產，並取得相關專利非專屬授權以及將專利授權轉為永久之選擇權。
法院認定之爭點	1. 原決定書添加負擔是否合法？ 2. 公平會依據公平法第 13 條第 2 項添加負擔是否合法？
市場界定	1. 行動裝置作業系統市場。 2. 行動裝置市場。 3. 與行動裝置作業系統及行動裝置相關之專利授權市場。
原決定書添加負擔是否合法的限制競爭判斷：微軟之部分	1. 結合前微軟公司主要授權 Windows Phone 作業系統，而諾基亞公司主要製造行動裝置，並無市場重疊，故本結合案為垂直結合。 2. 結合後若能使 Windows Phone 作業系統市占率擴張，將成為除 iOS、Android 作業系統外之生態系統，有助於生態系統間競爭且無顯著改變市場結構，亦無減損相關市場競爭，無禁止結合之必要。 3. 結合後微軟公司有自己之行動裝置製造

	部門，有誘因提高 Android 相關專利授權金，故有必要將結合決定書中要求微軟公司不得為不當價格決定或差別待遇，以消除對行動裝置製造商選擇作業系統自由以及生產行動裝置之干涉，降低限制競爭之疑慮。
原決定書添加負擔是否合法的限制競爭判斷：諾基亞公司之部分	1. 因諾基亞公司於結合後並不自行生產行動裝置而不受標準必要專利交叉授權之約束，有誘因單方調高標準必要專利授權金，產生提升行動裝置生產成本、售價之限制競爭不利益。 2. 為避免諾基亞公司改變標準必要專利授權或讓與標準必要專利以迴避 FRAND 承諾之拘束，故有必要於結合決定書中要求諾基亞公司於結合後繼續遵守 FRAND 承諾。
關於負擔可否獨立於結合決定外撤銷	1. 法院認為基於結合案之複雜性、競爭效果判斷之困難度提升，公平法第 13 條第 2 項明文公平會可於結合決定書添加條件或負擔，若單獨撤銷負擔，侵犯公平會之判斷餘地，故原決定書之負擔不得單獨訴請撤銷。
與智慧型行動裝置、智慧型行動裝置作業系統相關之專利授權市場是否須納入相關市場	1. 我國行動裝置製造商之競爭對手主要為南韓與中國大陸，且該產業利潤微薄，專利授權金僅需略微提升，影響該等廠商獲利重大，故不符合 FRAND 承諾之授權金，將影響我國廠商之競爭力更限制競爭。 2. 諾基亞公司於結合後不需受到交叉授權之牽制可操縱專利授權市場，此等情事

	為結合特有之反競爭疑慮。 3. 如前述理由，將與智慧型行動裝置、智慧型行動裝置作業系統相關之專利授權市場納入相關市場於法有據。
讓與事業是否須納入結合審查	1. 公平法之參與結合事業包含「受讓事業」與「讓與事業」。 2. 公平法之「主要部分之營業或財產」要件，僅用於判斷是否為公平法之結合，並非用以決定結合審查之對象。 3. 結合審查時參與結合事業之銷售額，並不區分讓與或未讓與財產，而以結合事業全部銷售額為準。 4. 諾基亞公司於結合後不需再受到標準必要專利交叉授權之牽制，有能力單方拒絕授權或提高授權金，為事前防止限制市場競爭，故納入結合審查範圍。
本件相關專利為標準必要專利	1. 諾基亞公司之行動通訊標準相關之無線通訊專利以及微軟公司之 EAS 通訊協定專利已為產業普遍使用或被標準制定組織採用，欠缺可替代之技術，無法迴避，為標準必要專利。
FRAND 承諾納入附款的正當性	1. 結合後諾基亞公司未因標準必要專利交叉授權而受競爭壓力，故有更高誘因提高專利授權金、拒絕授權，是以原決定書將 FRAND 承諾納入負擔與「確保結合整體經濟利益大於限制競爭之不利益」要件具合理、正當關聯，不違反不當連結禁止原則。 2. 諾基亞公司事前已向標準制定組織自願作成 FRAND 承諾，將該承諾添加於結

	合決定負擔並未增加其原有義務範圍。
法院判決結論	駁回原告微軟公司、諾基亞公司之訴，維持公平會原決定書

五、微軟/諾基亞案最高行政法院見解摘要表

表格 7　微軟/諾基亞案最高行政法院見解摘要

微軟/諾基亞案最高行政法院見解摘要	
結合標的	1. 包含有形資產、無形資產。
結合方式	1. 不以專利權移轉為限，包含低於市場行情、無限期授權專利，故本結合案審查範圍亦包含專利授權。
我國法院判決與外國決定書之關聯	1. 外國決定書是否添加附款與我國決定書無關。
原決定書負擔可否單獨撤銷	1. 原決定書負擔為准許結合的前提，且具備結合決定附款始能確保整體利益大於限制競爭之不利益。 2. 是否添加附款為公平會之裁量餘地，法院應尊重。 3. 結合決定書附加之條件或負擔與是否准許結合「互為條件」，法院不得代替公平會恣意決定是否同意結合。
於微軟諾基亞結合案添加附款並非我國特有	1. 參酌南韓、中國大陸之微軟諾基亞結合案決定書，其競爭法機關同意結合亦具備條件，故於結合決定書添加負擔並非我國特有。 2. 再者，外國決定書並非公平會原決定書之結合依據，僅用以佐證原決定書與國際趨勢無違。
FRAND 承諾納入原決定書之	1. 法院認為標準必要專利權人對標準制定組織作成之 FRAND 成諾並未限制競

依據	爭法機關不得納為條件或負擔。 2. 公平會為維護我國市場競爭之責任，可將 FRAND 承諾納為結合決定書之條件或負擔。
本結合之特殊性	1. 諾基亞公司於結合後不自行製造智慧型行動裝置，改以授權專利為營業。 2. 諾基亞公司以相對優惠價格授權專利給微軟公司，將使微軟公司之競爭者落於競爭不利地位。
針對標準必要專利人添加附款之正當性	1. 縱使公平會舉證結合後標準必要專利權人將不當提高其標準必要專利授權金有困難，僅需有該等可能性存在，公平會就須提出防衛措施，以確保市場不被任意操縱。

六、歐盟微軟/諾基亞結合決定書摘要表

表格 8　歐盟微軟/諾基亞結合決定書摘要

歐盟微軟/諾基亞結合決定書摘要	
作成時間	2013/4/12
相關產品市場	1. 行動裝置市場 　　認定傳統手機與智慧型手機非屬同一市場。 　　認定平板電腦與智慧型手機非屬同一市場。 2. 行動裝置作業系統市場 　　認定平板電腦與智慧型手機作業系統屬同一市場。
相關地理市場	1. 智慧型行動裝置市場 　　若不以全世界為範圍，至少以歐盟市場為地理範圍。 2. 智慧型行動裝置作業系統市場 　　若不以全世界為範圍，至少以歐盟市場為地理範圍。
限制競爭評估	1. 本結合不生水平市場結合限制競爭疑慮 　　微軟 2013 年平板市場占有率僅有 5%，諾基亞公司於 2013 年底前於平板市場並無占有率。 2. 本結合不生非水平結合限制競爭疑慮 　　於非水平結合時，若結合後新主體市場占有率不到 30%，並不會產生

	限制競爭疑慮。 本結合案並標的多為製造智慧型裝置所需之設計專利，未涉及標準必要專利，故未提升微軟公司於相關市場的市場占有率。
關於結合後諾基亞公司行使標準必要專利的論述	1. 諾基亞公司未移轉的相關專利於本結合案不適用結合法規 根據歐盟合併管轄權通知：「*結合審查之範圍僅限於受讓方以及出讓方所讓與之部分，出讓方其餘業務將不受審查*」。[284] 是以，歐盟執委會針對諾基亞公司未移轉之專利不得審查。 2. 縱認有結合法規之適用，諾基亞公司於結合後行使標準必要專利權利對市場影響有限 標準必要專利實施可能限制競爭於結合前即存在，並非結合後所生之效果。 結合後兩年內需重新取得標準必要專利的製造商不多。 3. 諾基亞公司的標準必要專利受到FRAND承諾拘束 本結合案未移轉標準必要專利，諾基亞公司仍對標準制定組織負FRAND承諾義務。 對於已作出FRAND承諾的標準必要專利，歐盟相關法規有強制授權、

---

[284] European Commission, *Supra note 213*, at Paragraph(136).

	限縮禁制令聲請的規範，可避免標準必要專利權人濫用其權利。
關於結合後諾基亞公司行使非標準必要專利的論述	1. 諾基亞公司行使非標準必要專利對市場影響有限 非標準必要專利範圍過廣且無證據顯示該公司的非標準必要專利為生產具競爭力產品所不可或缺。 諾基亞公司結合前即有依其非標準必要專利主張專利侵權，並非結合後方發生
結論	歐盟執委會作成無條件決定書

七、中國大陸微軟/諾基亞案結合決定書摘要表

表格 9　中國大陸微軟/諾基亞結合決定書摘要

中國大陸微軟/諾基亞案結合決定書摘要	
作成時間	2014/4/8
交易範圍	微軟公司收購諾基亞公司全部設備、服務業務，但諾基亞公司保留全部通訊相關專利。
相關產品市場	1. 智慧型手機市場 此市場並不包含平板電腦，理由為智慧型手機與平板電腦對於消費者在使用上需求替代性不足。 2. 智慧型手機作業系統市場 如蘋果 iOS 系統、Google Android 系統、微軟 Windows Phone 系統等供智慧型手機運作的作業系統市場。 3. 智慧型行動裝置專利授權市場 中國大陸商務部更將此市場細分為通訊技術標準必要專利授權市場、微軟 Android 專利項目授權市場。
相關地理市場	中國大陸境內
競爭分析	1. 微軟公司、諾基亞公司於智慧型手機市場、智慧型手機作業系統市場不具獨占地位。 2. 微軟公司可能以 Android 專利項目授權消滅、限制中國大陸智慧型手機市場競爭。 3. 諾基亞公司結合後因退出智慧型手機製造工業但仍保留與通訊、智慧型手機相關之專利，有透過專利授權影響市場之疑慮。

關於諾基亞公司標準必要專利的分析	1. 諾基亞公司擁有多數智慧型手機製造商不可缺少之通訊技術標準必要專利，對智慧型手機市場有控制能力。 2. 結合後諾基亞公司無需與其他專利權人成立交叉授權協議，更以收取專利授權金為主要收益，若其收取不當授權金，其他專利權人無法以交叉授權談判為手段與之抗衡，市場競爭受有損害。 3. 濫用專利、拒絕授權或提高專利授權金以及給予歧視性授權條件，將會使智慧型手機市場進入門檻大幅提高，甚至事實上將競爭者排除在市場之外。
結論	中國大陸商務部作成附帶限制性條件決定書
附款	1. 微軟公司部分 甲、標準必要專利需持續遵守 FRAND 承諾 乙、起訴標準必要專利侵權時，不得對中國大陸境內廠商聲請禁制令 丙、未來移轉標準必要專利時，須確保受讓人持續遵守 FRAND 承諾 丁、對於 Android 作業系統的非標準必要專利，結合後須依據現有條件繼續開放性授權，並且於五年內不得移轉該等專利權，五年後若要移轉須確保受讓人願意遵守前述條件 2. 諾基亞公司部分 甲、標準必要專利需持續遵守 FRAND 承諾 乙、提起標準必要專利侵權訴訟時，必須於提出符合 FRAND 承諾授權條款而相對人無意願簽署時方得聲請禁制令 丙、移轉標準必要專利時，須確保受讓人持續

| | 遵守 FRAND 承諾方得移轉
 丁、五年內必須於每年結束後 45 日內向商務部提出依據標準必要專利禁制令聲請、標轉必要專利轉讓以及如何遵守本結合決定附款的說明 |

國家圖書館出版品預行編目(CIP) 資料

涉及標準必要專利之結合管制：微軟/諾基亞之
結合案例研究/李昱恆，王銘勇，范建得著. --
初版. -- 臺北市 ： 元華文創股份有限公司，
2022.07

面； 公分

ISBN 978-957-711-265-1 (平裝)

1.CST: 公平交易法 2.CST: 專利法規 3.CST:
企業競爭 4.CST: 個案研究

553.4　　　　　　　　　　　　111008685

涉及標準必要專利之結合管制
—— 微軟／諾基亞之結合案例研究

李昱恆　王銘勇　范建得　著

發 行 人：賴洋助
出 版 者：元華文創股份有限公司
聯絡地址：100 臺北市中正區重慶南路二段 51 號 5 樓
公司地址：新竹縣竹北市台元一街 8 號 5 樓之 7
電　　話：(02) 2351-1607　　傳　真：(02) 2351-1549
網　　址：www.eculture.com.tw
E - m a i l：service@eculture.com.tw
主　　編：李欣芳
責任編輯：立欣
行銷業務：林宜葶
出版年月：2022 年 07 月 初版
定　　價：新臺幣 420 元

ISBN：978-957-711-265-1 (平裝)

總經銷：聯合發行股份有限公司
地　址：231 新北市新店區寶橋路 235 巷 6 弄 6 號 4F
電 話：(02)2917-8022　　　　傳　真：(02)2915-6275